もう迷わない！

ことばの教室の 吃音指導

今すぐ使えるワークシート付き

菊池良和 〔編著〕

髙橋三郎・仲野里香 〔著〕

学苑社

はじめに

　幼児期に始まった吃音は小学校入学前には約7割は自然回復します。逆を言うと、小学校入学以降も吃音が続き、成人になっても吃音がありながら、生きていかないといけない可能性があります。

　「吃音の原因は親の接し方・ストレス」「吃音を意識させない方がよい」「吃音はそのうち治る」という古い情報を信じて、わが子にどう接していいかわからない親御さんはまだまだ多いです。わが国において、吃音のある小学生を支援する受け入れ先として、ことばの教室（通級指導教室）がありますが、その知識・知恵・経験を後輩の先生にうまく引き継げていない問題点はあります。

　小学生と一口に言っても、小学1年生の児童と、思春期となる小学6年生ではアプローチが異なることは容易に想像できると思います。吃音は流暢に話せるときと吃音が出るときの二面性があるため、構音障害と異なり、話し方のアプローチのみでは十分な支援とならない可能性が高いです。容易に治せないからこそ、吃音とうまく付き合っていくために、聞き手の問題や、児童の心理的な問題も考えないといけません。

　本書では、まずは第1章で、ことばの教室の経験が浅い新任教師からのよくある質問をQ&A形式でわかりやすくまとめました。次に第2章で小学校のことばの教室で児童を指導している髙橋三郎先生に、実際の現場での指導を紹介していただくことをお願いしました。豊富な資料は巻末に添付していますので、活用できるものは取り入れてみてください。最後に第3章で仲野里香先生に、言語聴覚士の視点での小学生へのアプローチを紹介していただきました。言語聴覚士がどのようなアプローチをしているのか知ることができ、ことばの教室で活用できるものがあれば、取り入れていただけると幸いです。

　本書が現在担当している児童の指導および保護者への説明に役立つことを期待しています。

菊池良和

目次

第**3**章　言語聴覚士による指導・支援

巻末資料　今すぐ使えるワークシート

第1章

吃音の問題の概説

① 吃音とは

新任教師 新しく吃音のある１年生の児童を担当になったのですが、イメージと違いました。吃音とは、「ぼぼぼぼくは……」とはっきり繰り返しているものだと思いました。時々、話すのが止まるときがあります。

菊池 吃音は３種類ある、というのを聞いたことがありますか？

新任教師 連発、最初の言葉を引き伸ばす伸発、最初の言葉がなかなか出ない難発ですよね？

菊池 そうです。担当になった児童が、話すのが不自然に止まっているときがある場合は、難発の可能性があります。

新任教師 連発と難発が混じっている児童を担当したのですね。なぜ、吃音って３種類あるのですか？

菊池 多くの吃音は、最初、連発と伸発で始まります。吃音は話し始めのタイミング障害です。連発はタイミングが早い、伸発はタイミングが遅いと考えると、タイミングの不安定さから、連発と伸発が混在するのが、幼児に多いです。

新任教師 では、難発はタイミングの観点で言うとどんなことなのでしょうか？

菊池 自分のタイミングの不安定さで出る吃音に気付き、自分でタイミングを無理に合わせようとして、喉に力が入ることで、難発が生じていると考えられます。力を喉だけに入れても声が出ないときは、顔全体に力が入って、手や足でタイミングを取る随伴症状が追加されることがあります。

新任教師 そういえば、担当の児童、足で地面を蹴って話すこともありました。随伴症状だったのですね。

菊池 随伴症状がある場合は、ほとんど難発を伴っています。しかし、非流暢になった話し方は連発、伸発、難発とはっきりとどれかに分類できる訳ではないことがあります。難発を伴った連発のときもあります。吃音の基礎知識として５段階の進展段階を図に示します。

新任教師 保護者の心配が最も大きいのは小学校低学年（第２層）で、小学校高学年（第３層）となると小さくなるのですね。なんで、親の心配が小さくなるのですか？

菊池 年齢が上がっていくにつれ、話し始めのタイミングをうまく調節でき、表面上の

吃音の自然経過（代償行動）

	本人の考え	吃音症状	保護者の心配	社交不安（対人恐怖）
幼児（第1層）	苦しくない	・連発（繰り返し） ・伸発（引き伸ばし）	中	小
小学校低学年（第2層）	気付く 発話意欲↑	・**難発（ブロック）** ・**随伴症状が加わる** ・連発・伸発もある	大	
小学校高学年（第3層）	工夫する うまく話したい	・**語の言い換え** ・回避以外の症状あり ・緊張性にふるえ		
思春期（第4層）	逃げる	・**回避が加わる** ・一見、どもっていない ・人前で、どもれない	小	大
就職後（第5層）	再起	・**カミングアウトできる** ・**特定の名前、電話が苦手** ・どもった落ち込みが軽減	小	中

吃音が減る児童がいます。また、苦手な言葉を言いやすい言葉に言い換えるようにして、一見流暢に話しているように見えます。さらに、吃音が出ると話すのを中止するなど吃音を出さない工夫をします。学校生活では、手を上げて発表しなくなる児童がいます。ただ、その表面上の吃音の軽減により、保護者は「吃音がだいぶ軽減した」と感じ、心配することが減ります。

新任教師　その次の思春期（第4層）の「逃げる」がありますが、本人の社交不安と保護者の心配の違いが大きいですね。

菊池　話す場面から「逃げる」という考えをもつと、新学年で新しい友だちが作れない、学校にも行きたくないという考えをもつ可能性があります。「吃音が軽い＝困り感が少ない」ではないことです。

新任教師　吃音は表面上の吃音だけが問題ではないのですね。

菊池　そのことに気付くことが、とても大切ですね。心理面の問題も考えておかないといけないですね。

新任教師　思春期に「逃げる」行動を選択した人はどうなるのでしょうか？　引きこも

りになるのでしょうか？

菊池　いいえ、私が関わった人の多くは、吃音を隠す（逃げる）行為から、吃音を公表（カミングアウト）し、学校・社会生活を過ごしています。

 吃音のからかい・いじめ

新任教師　保護者から、「吃音があるといじめられないか」と心配されますが、吃音のいじめを予防するためにはどうしたらよいのでしょうか？

菊池　多くの保護者が気になる点です。いじめの前段階の、気付き・からかいの早期発見を大人がしないといけないと思います。

新任教師　吃音への気付き・からかいは、どうやったらわかるのでしょうか？

菊池　子ども本人に直接尋ねるとよいと思います。「『なんでそんな話し方するの？』と聞かれていない？」「話し方の真似されたことある？」「笑われたことある？」と。

新任教師　えー！　そんなことを聞いて子どもは、傷つかないでしょうか？

菊池　私は 120 名の吃音のある子に、それらの質問をしましたが、傷ついた子はいません。逆に、嫌なことを受け続けているのに、SOS に気付かない大人が、心の傷ついている子どもを放置することにつながります。

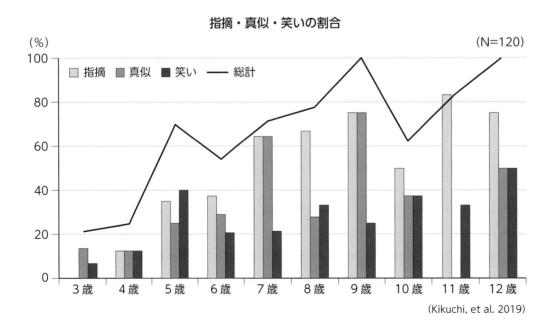

指摘・真似・笑いの割合

(Kikuchi, et al. 2019)

新任教師　そうですね。その質問をすることで、どのくらいの子が Yes と答えるのですか?

菊池　図に示していますが、7 歳であれば、指摘と真似は 6 割の子が Yes と答えています。この三つの質問の総計は 6 割以上なので、吃音のある子の二人に一人は Yes と答えます。そして、Yes と答えた人のほとんどが、嫌な体験だったと言っているため、対策が必要です。

③ 吃音のある児童が困る場面

新任教師　いざ吃音のある児童を前にすると、何の話題をすればよいのか、わからないんですよね。「困ったことあるの?」と聞いても、「ないです」と言われてしまってから、話が続きません。

菊池　「困ったことあるの?」という抽象的な聞き方は、質問された児童も何のことを聞かれているのかわからないので、「ないです」という答え方しかできないと思います。図は成人の吃音者 49 名に小中高校と振り返ってもらい、「どんなことが困ったのか」を尋ねた研究です。

新任教師　音読と発表が多いのですね。同じように思えるのですが、なぜ、音読と発表を分けているのですか?

菊池　吃音は言語障害の一つであり、流暢に話しやすい言葉と、吃音が出やすい言葉がそれぞれの人によって異なります。発表の方が、逃げ口があります。

新任教師　逃げ口とは?

菊池　発表の場合は、「わかりません」という魔法の言葉が、逃げ口としての役割を果たします。ですが、音読の場合は、書かれた文字をそのまま読むことが要求されるので、一度音読に対して苦手意識をもつと、それ以降、音読という場面が怖くなっていきます。

新任教師　少しわからないのですが、なんで、音読で苦手意識をもつようになるのでしょうか?

菊池　その原因の多くは、吃音に対する無理解な反応の積み重ねによるものです。具体的には、音読のときに、吃音が出たことを周りの児童に笑われる経験や、難発の吃音の場合、「早く読んで」と言われることや、言いたい言葉が出ずに、タイミングをつける

ため「えっとえっと」という言葉を追加したところ、先生から「えっとえっと」は書いていないと注意されることです。また、親切な誤解も、吃音のある子を苦しめます。

新任教師　親切な誤解とは？

菊池　音読の順番がきても最初の言葉が出ないので、話さないのは漢字がわからないだろうと先生や近くの友だちから誤解されることです。「読み仮名はわかっているけど、声が出ないだけなのに」という、もやもやな気持ちになることもあります。

新任教師　確かに親切な誤解ですね。問題はそこではないことを知ってもらう必要がありますね。そうすると、吃音の児童を担当したときに、音読の困難さを聞く必要がありますが、小学1年生では苦手と感じる児童は少なく、学年が上がるにつれて、音読が苦手となっていく児童が増えていくということですね。

菊池　だいたい小学4、5年生になると、音読が苦手という児童が多くなります。その音読が苦手なことが小学生で解消されないと、中学・高校もずっと苦手感が続くと思います。

新任教師　確かに、音読、発表、自己紹介、号令は小学生より中学生の方が配慮・支援を望んでいますね。吃音＝音読が苦手な児童という理解でよいでしょうか？

菊池　必ずしもその理解は正しくはありません。図の縦軸に注目してください。音読が苦手な児童は50％です。つまり残りの50％は音読を苦手と感じていないということです。そうすると、ことばの教室担当教師の役割として、苦手なことを苦手ではないよう

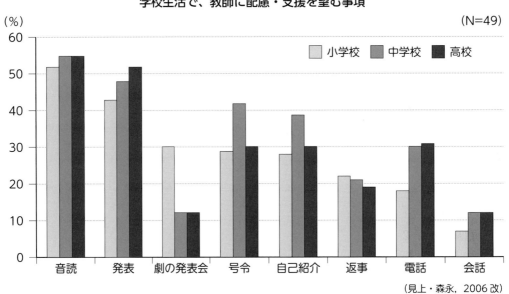

学校生活で、教師に配慮・支援を望む事項

(N=49)

(見上・森永, 2006 改)

に支援する目標が立てられると思います。

新任教師　では、音読が苦手な児童にはどういう支援をしたらよいのですか？

菊池　二人読みだと吃音がかなり減るというメカニズムを使って、ことばの教室担当教師と児童で二人読みをします。そして、褒めて、自信につなげることです。ことばの教室で効果があるのであれば、在籍学級で取り入れてもらうとよいでしょう。

 # 4　健康観察、かけ算の九九、卒業式など

新任教師　音読、発表、劇の発表会、号令、自己紹介以外は、吃音の児童は困ることがないのでしょうか？

菊池　良い質問ですね。意外と健康観察で、「はい、元気です」と短い言葉を言う場合でも困る児童はいます。高学年となると、先生が最初の人の健康観察をした後、児童同士で健康観察をさせることもありました。

新任教師　出席番号の2番目の児童が3番目の児童に、「○○さん、どうですか？」と呼びかけ、3番目の児童が、「はい、元気です」というシステムですね。

菊池　そうです。児童同士で健康観察をさせるとき、声が小さいと「声が小さい」と他の児童が注意されることがあります。また、早く言わないと、声を出すのをせかされる場合があり、そのような場合は、担任の先生に相談して、児童同士の健康観察の在り方を再考してもらうように促しました。

新任教師　吃音のある児童が、健康観察で困っていることに、担任の先生が気付いていなかったという訳ですね。

菊池　小学2年生の2学期に行う「かけ算の九九」で困る児童もいます。

新任教師　私が担任の頃、時間を測って、早く正確に覚えた児童を褒めて、褒められた児童は満足そうでしたし、盛り上がりました。

菊池　その盛り上がりを経験した先生ほど、時間を測る九九を提案するのではないでしょうか。しかし、取り残され、困難に感じる吃音のある児童の存在を知っておくことが、早期に吃音に伴う困難に気付く方法になります。

新任教師　小学2年生の4月には困難さがなくても、学校の課題によって新しく困難さが生じることがあるのですね。

菊池　「かけ算の九九」は、児童同士で暗記の確認をする場合、「ににいちがに（2×

1が2)」となった場合、「ににに、と繰り返したから不合格」と言われることがあるそうです。

新任教師　卒業式でも困ることがあると聞きました。

菊池　そうです。思春期に入り、「はい」という返事がうまくできるのかどうか、みんなの前で卒業の言葉を言えるのかどうか、不安を抱く児童がいますね。現在のことだけではなく、この先の不安を予見しつつ話し合い、ロールプレイすることも、ことばの教室でできる支援です。

5 吃音の増減（吃音方程式）

新任教師　吃音は増えたり減ったりする特徴があると聞いています。どうすれば吃音が軽減できると、本人や保護者に説明すればよいでしょうか？

菊池　バンライパーの吃音方程式というものがあります。分子にある項目は吃音が増加する要因、分母にある項目が吃音軽減に関係する要因と考えられています。

新任教師　分子にある項目は多いですね。語や場面の恐れ、心理的圧迫、不安や欲求不満、過去の罰、敵意、恥などですね。

菊池　いかに、吃音は増加しやすいのかを表していますね。吃音の増加要因を減らすと、吃音軽減につながると考えられます。語や場面の恐れがあると、褒めることにより、恐れを減らすことができるかもしれません。また、聞き手の姿勢も大切な支援の一

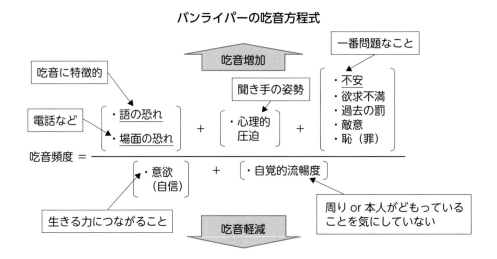

バンライパーの吃音方程式

つですね。

新任教師　それに比べ、分母の吃音を軽減するためには、意欲（自信）と自覚的流暢度が大切なのですね。話し方のテクニックを使えるのか？　知っているのか？　ではないのですね。

菊池　そうです。吃音の軽減に話し方のテクニックを教えるよりは、話したい意欲を育てる関わりが有効ということですね。他人から見て、「まだつっかえているよ」と指摘するのではなく、自覚的に流暢に話せていることが大切という訳です。

新任教師　自分のしていることが、どのような効果があるかわかると、教師も自信がもてますね。

⑥　社交不安症とは

新任教師　担当した児童が当初よりも吃音が軽減したならば、支援がうまくいっていると考えてよいのでしょうか？

菊池　表面上の吃音だけでは過小評価している可能性もあります。成長していく上で、吃音のある児童は吃音を隠す方法を見つけていきます。「あのー」「えっと」をつけて話す工夫をする場合があります。

新任教師　担当している児童が「あのー、あのー」と言ってから、具体的な内容を話しています。「『あのー』が癖になっているからやめなさい」と注意するところでした。

菊池　吃音を隠す工夫・努力はどんどん形を変えていきます。「『あのー』をつけてはいけない」と言うと、吃音のある児童は非常に困ります。言葉の順序を入れ替えたり、どもらない言葉を選んだり、途中で話すのをやめたりします。

新任教師　しゃべる場面から逃げること（回避）になったら困りますね。この状態になると、手を挙げて発表しなくなったり、新学年から新しい友だちが作れなかったりすることにつながるのでしょうか？

菊池　そうです。この回避行動を頻回にするようになると、社交不安症（対人恐怖症）という2次障害を併発している状態となります。

新任教師　社交不安症になると、ここに記載していること以外の体の変化も出るのですか？

菊池　心臓がドキドキして、顔も赤くなり、汗をかいたり、手足のふるえも出ます。

新任教師　吃音がなくても、緊張していたら生じる体の変化ですね。

菊池　自律神経の過剰反応が生じています。そして、見えない心理にも気付く必要があります。

新任教師　見えない心理ですか?

菊池　話す前の不安と、話した後の気持ちに気付く必要があります。

新任教師　話す前は、吃音が出たらどうしようという不安な気持ちでしょうか?

菊池　そうです。話す前は、予期不安という感情が発生します。

新任教師　話した後、吃音が出たら、どんな気持ちになるのでしょうか?

菊池　幼児期や小学校低学年の子の一部は、特になんとも思っていないようです。ただ、色々と吃音を隠す努力をしたり、吃音が出る予期不安のある児童は、吃音が出たら、気持ちが落ち込んだりします。「なんで、吃音が出てしまったのだろうか」と反省している子がいるかもしれません。

新任教師　そうすると、図に示しているように、吃音(どもること)＝悪いこと、という認識になってしまってしまうのかもしれませんね。

菊池　一度、この話す前の予期不安、話すときの吃音を隠す努力、吃音が出た後の気持ちの落ち込み、そして、吃音＝悪いことの認知が形成されると、その悪循環を断ち切るためには、自力では時間がかかり、難しくなります。

小学校高学年から、社交不安症(SAD)となるリスク

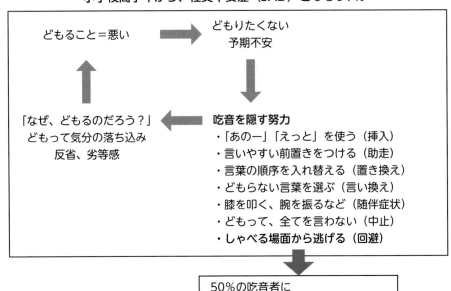

新任教師　ではどうしたら、この悪循環を断ち切ることができるのでしょうか？

菊池　まずは、吃音が出た後の気持ちの落ち込みからアプローチするとよいでしょう。

新任教師　吃音が出ることに落ち込む児童に対して、何と声かければよいでしょうか？

菊池　一言では解決しないので、ゆっくりと通級教室でオープンに話し合うことが必要です。「言葉がつまるのは『吃音』という名前があり、100人に1人がある症状で、あなたは悪くないよ」とまずは伝えます。「わざとではないよね」と話すこともあり、その言葉で安心する子どももいます。

新任教師　「どもってもいいんだよ」という言葉が、吃音のある人にはよいと聞いたのですが、そう言ってよいのでしょうか？

菊池　私も「どもりながら言いたいことを話してもいいんだよ」と言うこともありますが、この「どもってもいいんだよ」という言葉だけ言っても、子どもに響かないことがあります。

新任教師　例えば、どのような場合でしょうか？

菊池　吃音の真似・指摘・笑いなど、からかい・いじめが現在も続いている場合には、この言葉を言われても、児童は困るだけです。「吃音が出ると、嫌なことが生じるのに、どもっていいなんて思えない」と思うでしょう。だからまず、その児童が安心して話せる環境づくりが大切となります。

小学校高学年から、社交不安症（SAD）の解決法

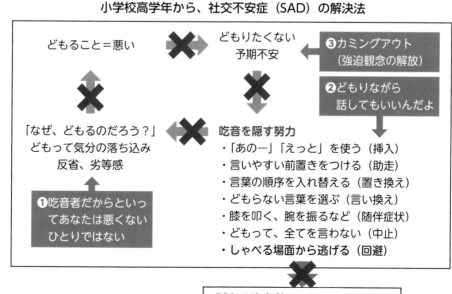

15

新任教師　クラスのみんなに話すことも環境づくりに役立つのでしょうね。図に「③カミングアウト」とありますが、先生が話す（伝える）のと、自分で吃音のことを話すのは、違いがあるのでしょうか？

菊池　違いはあるでしょう。自分の口で吃音を語れることは、どもってはいけないという強迫観念が軽減する一つの方法です。自分の吃音を客観的に見ることにつながります。

新任教師　ことばの教室で、カミングアウトの話題を取り上げてもよいですね。

菊池　自分の吃音やことばの教室のことを、自分自身で語るような資料作りや動画作成を一緒に手伝っている報告も聞きます。参考にしてください。

吃音に関する指導の基本

新任教師　吃音のある児童をあまり担当したことがありません。自分が担当している間に、吃音を治せる自信がありません……。

菊池　ことばの教室の担当教師がすべきことを図にまとめました。国立特別支援教育総合研究所（特総研）の見解です。

新任教師　最初に、「吃音は完全に消失しないことを踏まえて、指導を行う必要がある」と書かれていますね。教師の良し悪しで、吃音が治せるという話ではないのですね。

菊池　吃音の原因の大部分が生まれもった体質です。吃音を治す方法は確立していませんので、吃音があっても生きやすくする視点で支援するのがよいでしょう。10 〜 11 ページに示した音読や発表など具体的な場面に対する練習や褒めることもよいと思います。

新任教師　次に、「肯定的な自己意識を持てるような支援等、心理面に関する支援が重要」とありますが、心理面のことも対策をしておいた方がよいでしょうか？

菊池　そうです。あまり吃音が出ていない児童でも、吃音が出ることを気にすることが

特総研（国立特別支援教育総合研究所）の見解

Q6. 吃音に関する指導の基本を教えてください

1. 吃音は完全に消失しないことを踏まえて、指導を行う必要がある。
2. 肯定的な自己意識を持てるような支援等、心理面に関する支援が重要である。
3. 在籍学級担任や保護者への啓発や連携が重要である。

（国立特別支援教育総合研究所, 2015）

あります。「つっかえてはいけない」「つっかえるのは恥ずかしい」「つっかえるのは、自分一人だけ」と思っている児童がいます。その心理面への対応や吃音の 2 次障害の社交不安症の併発予防も大切です。吃音があっても、自分は良いところがたくさんあるという肯定的な自己意識をもてるように、吃音の知識を身につけることも大切です。

新任教師　ことばの教室で児童だけにアプローチすればよい訳ではないのですね。

菊池　そうです。ことばの教室だけ居心地が良いのではなく、在籍学級でも居心地が良くなるために、学級担任との連携が大切です。特に、通級でクラスを抜けるときに、「どこに行くの?」と友だちから質問をされた場合に、うまく答えられない児童もいます。また、「なんで行くの?」と何回も聞かれると、児童がことばの教室に通級することを嫌がってしまうでしょう。

新任教師　通級に来てくれるのが当たり前だと思っていましたが、子どもたちなりに葛藤があるのですね。どうしたら、その困り感に気付けますか?

菊池　直接、児童に尋ねることだと思います。「ことばの教室に行く（帰る）ときに、クラスの人はどんな反応をしますか?」と聞いてよいと思います。「いってらっしゃい」「おかえりなさい」と快く送り迎えしてくれる学級はよいと思います。

新任教師　通級に来るときに、誰にも気付かれないようにクラスから抜け出す児童もいるのでしょうね。

菊池　ことばの教室への行き帰りの際に居心地が悪いようならば、通級でその児童が不在のときに、担任の先生がその児童の対応について説明できるように、通級担当者から伝えられているとよいですね。

新任教師　保護者に対しての啓発や連携が必要なのでしょうか?

菊池　通級に通う児童は、保護者の希望から通級になっている場合が多いです。吃音の児童は 100 人に 1 人いますが、ことばの教室に通級している児童は全体の 1 割にも満たないのです。だからこそ、保護者の強い希望によって通級している場合があり、保護者にも吃音の知識を知っていただくことが、吃音のある児童のためにもなります。

新任教師　保護者の対応も色々あると思います。

菊池　私は他の障害児の母親モデルと同様に、5 段階の母親の心理変化があると思います。ショック→否認→悲しみと怒り→適応（受け入れる）→再起（啓発をしよう）の 5 段階です。

新任教師　なるほど。現在、「否認」の状態にある保護者ですが、適応や再起に変化する可能性があり、保護者の変化を支援することも大切なのですね。

8 指導終了の判断について

新任教師 年度末に、指導を終了するかどうかの基準はあるのでしょうか？

菊池 基準については、特総研の資料「Q10. 指導終了はどのように判断したらよいか教えてください」に三つ記載されています。

新任教師 主訴の解消や指導目標の達成が、終了の基準なのですね。

菊池 だから、主訴がきちんと把握されず、指導目標を保護者と共有していないと、こちらが終了してよいと思っていても、保護者の見解と一致しなくなってしまいます。2の「本人や保護者の意見も踏まえる」と記載されていますね。

新任教師 わかりました。

菊池 最後に、通級していて他の教育的なニーズがあれば、指導を継続してよいことが記載されていますね。

新任教師 終了は、吃音だけではなく、その子全体を見て決めるとよいということですね。

特総研（国立特別支援教育総合研究所）の見解

Q10. 指導終了はどのように判断したらよいか教えてください

1. 主訴の解消や指導目標の達成の状況が指導終了の基準となっている。
2. 本人や保護者の意見も踏まえて総合的に判断をすることが大切である。
3. 言語症状が改善しても他の教育的ニーズがあれば指導を継続する場合がある。

（国立特別支援教育総合研究所，2015）

9 ことばの教室の通級のメリット

新任教師 「ことばの教室のメリットとは何だろうか？」と改めて思います。

菊池 言語聴覚士と比較をすると、メリットがはっきりすると思いますね。

新任教師 図に示されていることばの教室と病院（言語聴覚士）ですね。

菊池 まず、日本の吃音支援の歴史からみると、吃音を言語障害の一つに位置付けし

て、1930 年前後からことばの教室が始まっています。言語聴覚士法は 1997 年に制定され、1999 年に初めて言語聴覚士が誕生しました。

新任教師　言語聴覚士は意外にも歴史がまだ浅いのですね。

菊池　病院に通うと早退遅刻扱いとされるのに対して、ことばの教室に通級する場合はそのような扱いになりません。そして、週に 1 回程度でことばの教室に通級する場合の方が担当教師は、子どもの様々な面を知ることができます。あと、通級に連れていく際に、子どもと吃音の話を親子でできることがよかったと話す保護者も多いです。

新任教師　在籍校の先生との連携も程度の差はあれ、必ずありますよね。

菊池　意外と病院に通院している吃音のある児童は、グループ学習がないことが多いです。しかし、ことばの教室に通級している児童は、他の吃音児童などとグループ学習を行っている教室が多いですね。

新任教師　グループ学習と言っても、二人で行うことでも十分意味があるのではないでしょうか。

菊池　そんなに大人数である必要はないです。学期末のグループ学習に向けて、日ごろから準備をしていると、さらにグループ学習の効果はあります。そして、保護者同士の情報交換の場となるでしょう。

ことばの教室と病院（言語聴覚士）との違い

	ことばの教室	病院（言語聴覚士）
歴史	1930 年前後から	1999 年以降
早退遅刻扱い	なし	あり
通級・通院頻度	週に 1 回程度	月に 1 回程度
担任との連携	必ずある	担当者による
グループ学習	ある教室が多い	ない病院が多い

⑩ 保護者との会話

新任教師　保護者は送り迎えをしてもらっているのですが、あまり吃音のことを話せていません。保護者との接し方はどのようにした方がよいのでしょうか?

菊池　「子どもさんと吃音の話をオープンにされていますか?」と聞いてもよいと思います。吃音は小学校に入学する前から始まっているものなので、今まで困ってきたこと、本人が現在困っていることを聞くことはよいと思います。

新任教師　インターネットの情報を少し知っているだけで、吃音に対する知識が十分でない保護者の場合は、どのように対応したらよいでしょうか?

菊池　インターネットの情報は、古い情報と新しい情報が混在しています。せっかく待ち時間があるので、吃音の本を読んで、保護者も勉強していただきましょう。

新任教師　どんな本から読んでもらったらよいでしょうか?

菊池　マンガで書いてある本がお勧めだと思います。
『子どもの吃音　ママ応援 BOOK』(学苑社)や『きつおんガール』(合同出版)などは、楽に読めて保護者に好評な本です。

新任教師　さらに読んだ方がよい本としては?

菊池　『吃音のある子どもと家族の支援』(学苑社)では、他の保護者の気持ちを知ることができ、『吃音の合理的配慮』(学苑社)では、合理的配慮という考え方を紹介しています。例えば、高校・大学受験の面接が心配だと思っている保護者には、合理的配慮を使えば、吃音があっても配慮される時代となっていることに安心感をもってもらえます。『吃音と就職』(学苑社)では、吃音のある人がどんな仕事に就いているのか知ることができます。『吃音 Q & A』(日本医事新報社)では、2010 年以降の最新のエビデンスを Q & A で紹介している本です。吃音の最先端のことに興味のある保護者にはお勧めです。

新任教師　わかりました。私が説明するだけではなく、「本に書いてあることです」と言うと説得力が増すと思います。

菊池　保護者だけでは得られなかった情報を提供するだけで、保護者の手助けにつながります。見通しと親としての知識があれば、わが子を客観的にみることができるのではないでしょうか。

第2章

教員による指導・支援

① 指導・支援の方向性

（1）小学生の吃音指導のゴール

　「小学生の吃音指導は難しい」という声をよく耳にします。詳しく聞くと、「何をゴールにすればよいのかわからない」とのこと。本書を超えた内容となるので詳しくは説明しませんが、たとえば、ことばの教室には構音障害のある児童も多く通っていますが、構音障害の場合、「誤った発音を治す」という明確なゴールを設定できます。一方、小学生の吃音は、発話指導を行っても、その症状をゼロにはできない可能性が高いという前提があるため、ゴールの設定が難しく感じられるようです。

　また、ベテランのことばの教室の先生からは、「指導方法が、学生時代に教わったものから随分変わっており、途方に暮れてしまう」という声も聞かれます。確かに、吃音の原因論の変遷に伴い、吃音児の指導方法は大きく変化してきました。

　しかし、安心してください。本章で紹介する指導方法のゴールは極めてシンプルです。では、そのことに気付いてもらうために、実際に現在指導中の児童を思い浮かべて、「吃音の立方体」を書いてみましょう。吃音の立方体とは、吃音の問題を図式化し

吃音の立方体を書いてみましょう

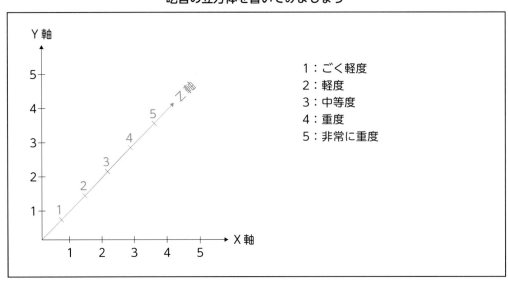

1：ごく軽度
2：軽度
3：中等度
4：重度
5：非常に重度

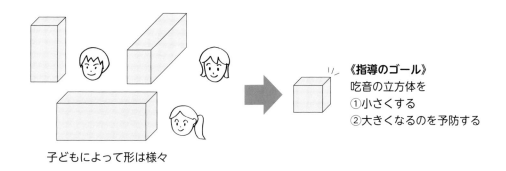

《指導のゴール》
吃音の立方体を
①小さくする
②大きくなるのを予防する

子どもによって形は様々

たものです。吃音症状を X 軸、周囲の反応を Y 軸、X 軸や Y 軸に対する本人の反応を Z 軸で表します。そして、立方体が大きいほど吃音の問題が大きく、立方体が小さいほど吃音の問題が小さいと考えます。ここでは X 軸、Y 軸、Z 軸ともに、5 段階で表します（指導者の主観で書いてくださって結構です）。もちろん、児童によっては、立方体ではなく、直方体の場合もあります。児童によって立方体の形は異なりますが、どのような立方体であれ、この立方体を指導開始時よりも小さくすること、そして、この立方体が今後大きくならないように予防することが小学生の吃音指導のゴールです。

(2) 具体的な指導・支援の方向性

　指導・支援の方法は X 軸、Y 軸、Z 軸の三つのアプローチに分けて行います。

　X 軸へのアプローチでは、児童の吃音症状そのものへアプローチします。ここでは、流暢性形成法と呼ばれる技法を用いて発話の仕方を変容させたり、児童の発話の流暢さを促進する関わりを行ったりすることで吃音症状の軽減を図ります。

　Y 軸へのアプローチでは、保護者や学級担任、クラスメートへアプローチします。保護者や学級担任へは、児童とのより良い関わり方を伝えたり、クラスメートに対して理解授業を行ったりすることで、児童が安心して過ごせる環境を作ります。

　Z 軸へのアプローチでは、吃音について知る活動や吃音で困ったときの対処法、カミングアウトの仕方などについて教え、吃音に対する恐怖感を減らしたり、困ったときに対応したりできるようにします。

　なお、これ以降、本章では、小学生を低学年と中・高学年の二つに分けている箇所がありますが、その区分は、あくまでも一つの目安にすぎません。中・高学年の指導方法として取り上げているものも、場合によっては、低学年の児童に適応できることがあります。たとえば、本章では引き抜き法や準備的構えといった発話技法を中・高学年向け

として示していますが、低学年の児童に教えられる場合もあります。区分はあくまでも一つの目安として捉えていただき、児童の実態に即した指導を実施してください。

 ## 吃音症状（X軸）へのアプローチ

X軸へのアプローチでは、子どもの吃音症状そのものにアプローチします。その一つが、流暢性形成法です。これは、吃音が生じにくい「流暢な発話スキル」を指導の中で確立し、それを指導場面以外へ般化させていく技法です（坂田，2012）。この技法は、幼児から成人にかけて幅広い年齢層に対して行われていますが、そのゴールは成人と幼児で異なると筆者は考えています。成人に対する流暢性形成法では意図的なテクニックとして流暢な発話スキルを使えるように訓練します。幼児に対する流暢性形成法では流暢な発話スキルを繰り返し使用する場面を設けて、流暢な発話体験を積ませ、そのスキルを意識的に使っていない場面も含めて、発話の流暢さを高めます。これは、"セラピーの中で流暢な発話体験を十分に積むと流暢な発話を実現する神経ネットワークを強化できる"という想定（Guitar, 2019; Bloodstein, 1975）が背景にあります。実際に、流暢性形成法やそれに類似した直接法を幼児期の吃音に適用して、吃音症状の著しい改善が見られた症例が報告されています（角田ら，2018; 見上，2007）。また、幼児では流暢性形成法に加えてDCM（28ページ参照）に基づくアプローチを行うことがあります。このアプローチでは、子どもに話し方を教えるのではなく、会話相手となる親が楽な発話モデルを示す時間（スペシャルタイム）を設定し、間接的に症状の改善を目指します。

では、成人と幼児の中間にある、小学生の場合はどうすればよいのでしょうか。筆者は小学生を中・高学年と低学年に分けて考えます。そして、中・高学年は成人と同様に、意図的なテクニックとして、流暢な発話スキルを使えるように指導します。一方、低学年は、幼児のように、流暢性形成法やDCMに基づくアプローチを通じて流暢な発

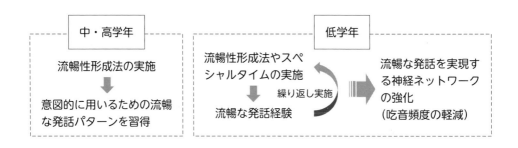

話体験を多く積ませ、普段の会話場面も含めて、発話の流暢さが高まるようにします。もちろん、幼児のように吃音が生じないレベルまで改善させることは難しいですが、部分的であれ、吃音症状を緩和し、流暢な発話を増加させることは可能な場合があると筆者は考えています。

（1）低学年へのアプローチ①：流暢性形成法

　低学年では流暢な発話経験を積ませ、発話の流暢さを高めることをねらいとして、主に流暢性形成法を行います。なお、筆者は、流暢性形成法で教える流暢な発話スキルを、"やわらかい声"と名付けています。もちろん、別の名称（たとえば、"ふわふわした話し方"）でも構いません。児童にとってわかりやすい名称を付け、指導に臨んでください。

1）やわらかい声（流暢な発話スキル）のポイント

　「発話速度の低下」「軟起声」「ライトコンタクト」という三つのポイントがあります。三つのポイント全てを意識するのが困難な場合は①と②だけにするなど、柔軟に対応しても構いません。

①　発話速度の低下

　文全体をを引き伸ばすようにゆっくり話します。速さの目安は3モーラ／秒程度ですが、児童の実態に応じて調節してください。また、慣れてきたら、吃音が生じない程度まで発話速度を上げてもよいです。

②　軟起声

　ゆっくり音が立ち上がる（だんだん声の大きさが大きくなる）ように話します。手のひらを閉じた状態からゆっくり開くところを見せ、花のつぼみがゆっくり開くような感じ

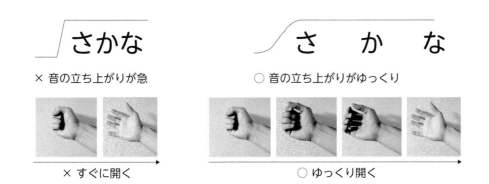

での発声を意識させます。良い例だけでなく悪い例（つぼみがすぐに開くような発声）も一緒に示し、良い発声との違いに気付かせることも大切です。

③ ライトコンタクト

軽く構音接触をするようにします。たとえば、パ行音やマ行音といった両唇音を構音する際には、構音時に上唇と下唇を付けますが、その際にぎゅっと付けるのではなく、優しく付けるようにします。また、タ・ダ行音では舌尖が歯茎に付きますが、その際も軽くそっと付けるように促します。これらは一例で、全ての音で軽く構音接触できるとよいのですが、低学年の児童だと理解が困難なので、その場合には「口や喉の力を抜いて、そっと言おう」といった声掛けをします。特に、ブロックのときは力が入りがちですので、注意が必要です。

2) 指導の流れ

やわらかい声の初回の指導ではまず、発声器官図（巻末資料 1）を見せ、発声の仕方や吃音の出るときの口や喉の状態について確認します。その上で、単語での練習を始めます（次ページ参照）。

やわらかい声の指導の流れ

| 単語 | サ行→ハ行→タ・カ行→マ・ナ行→バ・ダ・ガ行→ラ行→ヤ・ワ行→母音 | ▶ | 文 | ▶ | 絵の説明　文章音読 | ▶ | 会話 |

単語練習の順番は、無声子音から有声子音、摩擦音・破擦音から破裂音、鼻音、弾音、接近音、母音へと練習を進めていきます。無声子音や摩擦音・破裂音から練習を始めるのは、そっと優しく立ち上げる発声が比較的容易なためです。本書には、清音のみですが、単語練習用のリストも用意してあります（巻末資料 21）。なお、単語練習では、必ずしも全ての音を網羅する必要はありません。できるなら部分的に飛ばしていただいて結構です。単語で使えるようになったら、文や文章の音読、絵の説明、会話での練習へと進めていきます。なお、文での練習では、できるだけ発話の「頭」を作らないように、文節同士をつなげなるべく一息で言うように心がけましょう。なぜかと言うと、吃音は発話頭で生じやすいという性質があるためです。「ぼくはいちごが好きです」という文の場合は「ぼくは」「いちごが」「好きです」と区切るのではなく、できるだけつな

げて言うようにし、発話の「頭」を少なくします。

やわらかい声の初回指導時のやりとり

指導者：今日から、やわらかい声の練習をしようと思います。やわらかい声は吃音が一時的に出にくくなる話し方です。ところで、Bさんはどうやって声を出しているか知っていますか？

児　童：わかんない。

指導者：それでは、このイラストを見てください（発声器官図（巻末資料1）を見せる）。これはなんだと思いますか？

児　童：口？

指導者：正解です。それで、この奥は喉でもっと奥に行くと肺があります。肺は空気がたくさん入るところで、息を吸ったり吐いたりするときに膨らんだり縮んだりします。声を出すときには、空気が肺から喉を通って口から出ます。でも、吃音のときはどこかが苦しくなって言葉が出にくくなります。どこかわかりますか？

児　童：喉や口かな？

指導者：その通りです。なので、やわらかい声では喉や口の力を抜いて、そっと出す感じで言います。あと、少しだけゆっくり言うのも大切ですよ。では、1回やってみましょう。先生の真似をして言ってみてください。（やわらかく）さかな。

児　童：（やわらかく）さかな

指導者：そう。すごく上手です。もっといろいろな言葉でやってみましょう。

3）指導のポイント

　最初のうちは担当者のやわらかい声を模倣する形で練習します。やわからく上手に発声できたときは、「すごくやわらかかったね」「すごく上手だったね」「もう一度言えるかな？」などと褒め、正しい発声であることをフィードバックします。単調な練習になりやすいので、すごろくや陣地取りゲームのような簡単なゲームを間に挟みながら、練習します。また、宿題も出し、できる限り毎日、5〜10分ほど練習するように促します。

(2) 低学年へのアプローチ②：スペシャルタイム（DCM に基づく アプローチ）

　吃音の原因論の一つに、Demands and Capacities Model（DCM）という仮説があります。この仮説では子どもの発話に対する要求（Demands）が流暢な発話を産出する能力（Capacities）を超えたとき、吃音が生じると考えます。このことは、蛇口とコップ、そして、あふれた水に例えることができます。蛇口の水は発話に対する要求（Demands）、コップは子どもの能力（Capacities）、溢れた水は吃音です。吃音のある子どもは、吃音のない子どもよりもコップが小さい（流暢に発話する能力が弱い）ため、水が溢れやすい（吃音が生じやすい）と考えることができます。

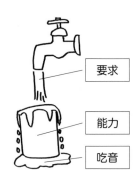

要求

能力

吃音

　この仮説に基づくと、蛇口の水の量、すなわち、子どもの発話に対する要求、を減らせば吃音症状は軽減すると考えられます。

　DCM に基づくアプローチでは、発話に対する要求の少ない関わりをする時間（スペシャルタイム）を設け、流暢な発話体験を積ませます。そして、このような取り組みを繰り返し行う中で、流暢な発話を促します。この取り組みは、ことばの教室と家庭の両方で行います。筆者は流暢性形成法を一緒に行うことが多いです。

　なお、この方法は周囲の環境を変化させるため、Y 軸へのアプローチと考えることも可能です。しかし、スペシャルタイムの真のねらいは吃音症状の軽減であるため、ここでは X 軸へのアプローチと捉えました。

1) スペシャルタイムでの関わり方のポイント

　スペシャルタイムでは、運動、言語、認知、情動という 4 つの側面について、要求が少なくなるように意識した関わり方をします。

① 運動的要求を下げる

　非常にゆっくり児童に話しかけるようにします。1 秒あたり、2〜3 モーラ／秒程度を目安とします*。事前に巻末資料の発話速度調節プリントを何度か読み、ゆっくりとした発話速度で会話できるように練習しておくとよいでしょう。

＊　モーラとは音韻単位の一つです。日本語では主にモーラが仮名文字と対応します。ただし、「しゃ、しゅ、しょ」といった拗音は 1 モーラと数えます。促音、長音、撥音はそれ自体で 1 モーラと数えます。例えば、「コップ」は 3 モーラ、「チョコレート」は 5 モーラとなります。詳細は窪園（1998）などをご覧ください。

② 　言語的要求を下げる

　一度に発話する文を短くするように心がけます。「〜けど」「〜から」といった接続詞は使わないように意識すると一文が短くなりやすいです。

③ 　認知的要求を下げる

　質問の回数を減らします。質問をするときには、「はい」「いいえ」で答えられるもののみにします。「昨日は何したの？」など過去のことを思い起こして答えさせる質問は認知的な負荷が高いため、しないように心がけます。

④ 　情動的要求を下げる

　興奮するものではなく、落ち着いて取り組める活動を行います。体を動かすような活動や勝ち負けがはっきりしているゲームではなく、間違い探しや探し絵本（ウォーリーを探せやミッケなど）、ブロック、簡単なパズルなど、ゆったりとしたペースで一緒に取り組め、さらに児童の発話を促せるものがよいです。

2) 実施方法

　まず、指導開始前に DCM について簡単に説明します。その上で、指導者が児童に対してスペシャルタイムをやっている様子を保護者に見てもらい、保護者が正しく実施できるようにします。その後、週 4 日以上、できるなら毎日、10 〜 15 分程度、家庭でスペシャルタイムを実施してもらいます。ことばの教室でも毎回の指導で、スペシャルタイムを実施します。何セッションか行う中で吃音頻度が低下し、その状態が続くようでしたら、ことばの教室の指導の中で「質問を少し増やす」「少し長い文で話す」「少しゆっくりな程度の発話にする」など、少しずつ発話に対する要求を増やしていきます。それでも、吃音症状が以前よりも落ち着いているようでしたら、保護者にその旨を伝え、家庭でのスペシャルタイムでも、ことばの教室と同程度のレベルまで、発話に対する要求の水準を上げてもらいます。

3) 記録をつけてもらう

　ことばの教室では毎指導ごと、ご家庭では毎週（可能なら毎日）、記録をつけます。記録には『小児吃音臨床のエッセンス』（菊池，2015）で国立障害者リハビリテーションセンター研究所の酒井奈緒美先生が紹介している "ことばの記録" を用いるとよいです。この記録では、普段の言葉の状態を 0（全くどもっていない）〜 6（話すたびにどもる）の 7 段階で主観的に評価します。それ以外にも「どんな場面なら楽に話せるか」

言葉の記録表での吃音症状の評定

```
0…全くどもっていない
1…0と2の間
2…たまにどもる
3…2と4の間
4…よくどもる
5…4と6の間
6…話すたびにどもる
```

「どんな場面でよくどもるか」といった保護者が気付いたことについても記入してもらいます。「言葉の記録表」（巻末資料3）に記入してもらってもよいでしょう。

4）スペシャルタイム実施に際しての注意点

　この時間では、児童に「ゆっくり話してごらん」といった発話への直接的なアドバイスは行いません。そうではなく、あくまでも親側が関わり方を変容し、児童の流暢な発話を促します。また、先述の通り、スペシャルタイムはもともと、幼児を対象としたアプローチです。そのため、小学生に対して実施する際には、できるだけ就学直後の児童に実施することをお勧めします。

　スペシャルタイムの効果には個人差が大きいです。実施後、3〜4ヵ月後しても効果がない場合にはスペシャルタイムは中止し、X軸へのアプローチは流暢性形成法のみにするなど、柔軟な対応が必要です。

　加えて、保護者には元々の保護者の関わり方には全く問題がないことも強調して伝えましょう。先ほどのコップの例えで言うと、蛇口から出る水の量が多いのではなく、コップ自体が小さいので、それに合わせて、蛇口から出る量を調整すると良い旨を伝え、誤解が生じないようにしましょう。

　筆者はスペシャルタイムを単独で行うことはなく流暢性形成法を併用することがほとんどです。また、スペシャルタイムは保護者の負担が大きいため、保護者の協力が得られないときは、流暢性形成法だけにするなど柔軟な対応が必要です。

　最後に、今回提案したDCMに基づくアプローチは従来のDCMに基づくアプローチ（RESTART-DCM）とは部分的に異なることを補足しておきます。正式なDCMに基づくアプローチでは、親と児童が遊ぶ場面を評価し、特に要求を下げる必要のある側面を中心に、親に対して関わり方の指導を行います。しかし、ことばの教室はあくまでも児童に対して教育を行う場であり、自立活動の教育課程の編成という観点からも、親に対して関わり方をレクチャーする時間を毎回、授業時間中に設定することはできません。そのため、あくまでも簡易的な方法ではありますが、先述のように、言語・運動・認知・情動といった全ての側面で気を付ける場面を保護者に伝え、実践してもらいます。

（3）中・高学年へのアプローチ：流暢性形成法

　中・高学年の児童では、吃音を一時的に減少させるスキルを身に付けさせることを目的として、流暢性形成法を中心に行います。

1）やわらかい声（流暢な発話スキル）のポイント

　低学年と同様に、①発話速度の低下、②軟起声、③ライトコンタクトというポイントを意識した発声を行います（詳細は 25 ページ）。三つのポイント全てを意識するのが困難な場合は①と②だけにするなど、柔軟に対応しても構いません。

2）指導の流れ

　練習の流れは、文章音読、絵の説明の段階までは、低学年と同じです。吃音頻度の高めの児童の場合は、引き抜き法と準備的構えというスキルの指導も行います。なお、単語レベルの練習は全ての音を必ず網羅しなければならない訳ではありません。基本的には以下の順番ですが、できるようでしたら、すぐに次の音の練習にするなど、柔軟に対応してください。

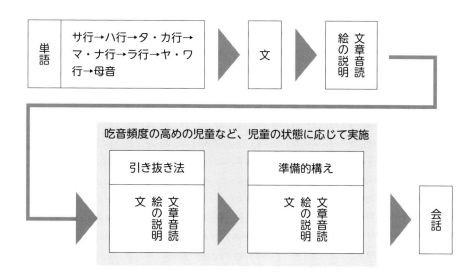

3）引き抜き法・準備的構え

　引き抜き法では、吃音が生じたときにやわらかい声で言い換えます。引き抜き法がある程度できるようになったら、準備的構えの練習を始めます。準備的構えでは、吃音が

生じそうなときだけ、やわらかい声で言い換えます。

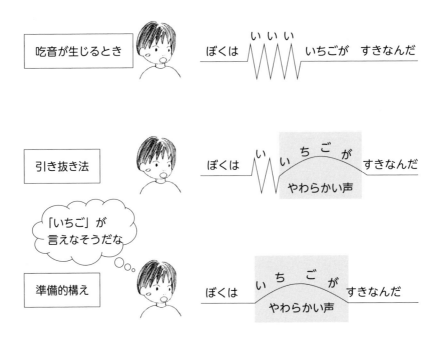

引き抜き法や準備的構えの指導では、導入として、吃音捕まえゲームを行います。このゲームでは、指導者の発話を注意深く聞き、吃音を捕まえるという活動を行います。指導者はわざとどもり、児童が吃音に気付いたら、机の上に出した手をグーにして、指導者の吃音を捕まえます。捕まえられている間、指導者は言葉を繰り返し続けます。数秒したら、児童は手をパーにして、吃音を離します。そうしたら、指導者は吃音の状態であることを止め、普通に読み続けます。このようなゲームを行ってから、引き抜き法や準備的構えの指導を始めます。引き抜き法や準備的構えの児童向けプリントは巻末に用意してあります（巻末資料4、5）。

なお、引き抜き法や準備的構えは本来、吃音緩和法と呼ばれる技法で用いられる手法ですが、筆者は流暢性形成法の一部として導入しています。

吃音捕まえゲームでのやりとり

指導者：今から、吃音捕まえゲームをしましょう。机の上に右手を出してください。では、先生は今から、ここに書かれている言葉を読みますね（単語リストを見せる）。ただ、普通に読むのではなくて、時々言葉を繰り返したり、詰まらせたり

しますよ。もしそうなったら、こうやって（手を閉じてグーの状態にする）、先生の吃音を捕まえてください。先生はあなたが手をグーにして先生の吃音を捕まえている間はずっと言葉を繰り返しています。

児　童：捕まえたらどうするの？

指導者：捕まえて5秒くらいしたら、こうやって（手を開いてパーの状態にする）、離してくださいね。先生の吃音を見つけたら、すぐに捕まえるんですよ。それでは、やってみましょう。さかな、さくら…（単語の一覧を読む）、さ、さ、さ、さ…

児　童：（手を閉じてグーの状態にする）

指導者：さ、さ、さ…

児　童：（手を開いてパーにする）

指導者：さんま。すごく上手に先生の吃音を捕まえられましたね。

　　　　（何度か繰り返す）

指導者：上手に先生の吃音を捕まえられるようになったので、次からはあなたの吃音を先生が捕まえます。わざと吃音のような話し方をしてもよいですよ。

児　童：さかな、さ、さ、さ

指導者：（数秒間、手を閉じてグーの状態にしてから手を開く）

Cさん：さくら

指導者：すごく上手です。先生が捕まえたのに気付いて、そのままずっと吃音の状態でいられましたね。先生が捕まえたら、グーにしている間は、言葉を繰り返してください。何回か練習してみましょう（何度か練習する）。

指導者：とても上手になりました。では、最後に、自分の吃音を捕まえてみましょう。自分で読み、吃音が出たら、右手をグーにして捕まえます。5秒くらいしたら、左手をパーにして、吃音を離してください。

Cさん：さくら、さ、さ（Cさんが手をグーにする。少ししてから手を開く）さんま。

指導者：いいですね。もう少し続けましょう。

引き抜き法の練習でのやりとり

指導者：自分の吃音を捕まえるのがだいぶ上手になりましたね。それでは、ここからやわらかい声の練習を行います。これを見てください（巻末資料4「やわらかい声で言いかえよう（引き抜き法）」）を見せる）。普通に言ったら、「ぼくは、い、い、い、いちごが好きなんだ」といった感じになりますが、自分で吃音に気付き、やわらかい声で言い変えたら、「ぼくは、い、い〜ちごが好きなんだ」のよ

うに、短く目立たない吃音で済みますね。

Cさん：そうだね。

指導者：それでは、さっきのように机の上に手をもう一度出して、ここから普通に読ん
でみてください。それで、吃音が出たらすぐにグーにして、言うのをやめます。
そして、やわらかい声でそっと続きを言いましょう。ことばの教室でも前に、
手をそっと開く感じでやわらかい声を言う練習をしましたよね。それを思い出
して、やわらかく言いましょう。普通に言いなおしてはダメですよ。

4) 中・高学年に対して流暢性形成法を適応する際の留意点

高学年だと「やわらかい声は少し変わった話し方だから使いたくない」と思う児童も
います。そのような場合には、引き抜き法や準備的構えを教えるとよいでしょう。引き
抜き法や準備的構えであれば、文全体でやわらかく声を使う場合よりも発話の自然さが
保たれます。また、引き抜き法や準備的構えを用いず、発話全体をやわらかく発声する
場合には、会話練習で吃音が生じない程度まで発話速度を上げ、自然な発話に近づけて
もよいです。筆者の印象では4〜5モーラ／秒程度まで発話速度を上げても吃音はあま
り生じないと思います。巻末資料2「発話速度調節プリント」は発話速度を調整する際
の目安として活用できます。

流暢性形成法で学んだ話し方を様々な会話場面である程度使えるようになったらゴー
ルとなります。児童によっては、発話全体に対してやわらかい声を使うかもしれません
し、引き抜き法や準備的構えを中心に使用するかもしれません。児童と話し合い、その
ニーズに合わせて、ゴールを設定してください。

周囲の反応（Y軸）へのアプローチ

　Y軸へのアプローチで最も大切なことは「吃音のある児童本人が吃音を隠そうとせずに済む環境を作る」ことです。児童が保護者や学級担任に対して気軽に吃音のことを話せるように支援することが大切です。そのような環境があれば、もし吃音のことで困っても、本人が保護者や学級担任に対してすぐに援助要請をすることができ、吃音に起因する二次的な問題（いじめや不登校など）を防ぐことができます。

　Y軸へのアプローチの対象は、主に、保護者、学級担任、クラスメートです。もちろん、祖父母などの保護者以外の家族や、習い事や塾のコーチへのアプローチが必要な場合もあります。

（1）保護者への働きかけ

　まず吃音についての正しい情報を提供しましょう。保護者の中には、誤った知識を有している方も少なくありません。中には自分がきつく叱ったから我が子が吃音になったと誤解している方もいらっしゃいます。誤解の解消のためにも、正しい知識の提供は不可欠です。その際には巻末資料6「吃音のあるお子さんの保護者へ」をもとに吃音についての情報を提供するとよいでしょう。

　保護者からの信頼を得ることは児童のより良い支援を行う上で不可欠です。そのためには、まず保護者からの質問に的確に答えられることが大切です。巻末資料7「保護者や担任からよくある質問と返答のポイント」には、保護者からの質問と返答例がまとまっているので、事前に目を通しておき、質問に答えられるようにしましょう。

　また、保護者とのやりとりはできるだけ小まめに行うことが望ましいです。他校から通級している児童の場合、保護者が送迎していると思われますので、毎回、指導後に5分ほど面談の時間を設け、指導中の本児の様子を伝えるとともに、保護者から吃音のことで困っていることを聞き取り、アドバイスをしましょう。自校通級の児童で保護者の送迎がない場合については、連絡帳でのやりとりが中心となりますが、学期に1回は面談をし、児童との関わり方についてのアドバイスを行いましょう。

(2) 学級担任への働きかけ

　学級担任に対しても吃音に関する正しい知識を提供することは大切です。少なくとも1年に1度は、ことばの教室の担当者が学級担任と直接会い、吃音のある児童の接し方について伝えましょう。巻末資料8「吃音のある児童の担任の先生へ」を用いてもよいです。この巻末資料にもありますが、吃音で困っていることがないか定期的に学級担任から児童に確認してもらうようにしましょう。もし困っていることがなくとも、そういったアプローチが担任からあることで、児童が吃音で困ったときに学級担任にヘルプを出しやすくなります。

　学級担任からは児童のクラスでの様子を聞き取ることも大切です。吃音で困っている様子はないか、クラスメートとの関係はどうか、などについて聞き取りましょう。学級担任からの聞き取り事項は巻末資料9「学級担任からの聞き取りシート」にまとまっています。そちらに記入しながら、学級担任の話を聞き取っても構いません。

　また、定期的に学級担任とは連絡帳や電話連絡を行い、児童の現状について情報共有することも大切です。学校での学習や学校行事の中には、吃音児の困りやすいものがあります。そういった学習や行事の前には事前に、児童が困らないような配慮を学級担任に提案できると、児童の困り感の軽減につながります。詳しくは、巻末資料10「吃音のある児童が学校で困りやすいこと、その対応例」をご覧ください。

(3) クラスメートへの働きかけ：学級担任から

　クラスメートへは、保護者や本人の同意を得た上で、担任から伝えます。ことばの教室に通級していることや言葉が詰まっても最後まで話を聞くこと、わざとではないので決して真似したりからかったりしないこと、などを知らせます。これは、年度頭や初回通級日に行うとよいです。なお、担任がうまくクラスメートに説明できるように、巻末資料11「担任の先生へ　クラスに周知してほしいこと」をコピーして、それを参考にしてもらうのもよいでしょう。

(4) クラスメートへの働きかけ：吃音理解授業

　吃音理解授業ではことばの教室担当者が在籍学級に直接赴いて、15分程度の時間でクラスメートに対して吃音についてのプレゼンテーションをします。学期頭や、吃音への指摘が起きそうな行事（学芸会）の前に行うと効果的です。その際には、本人もその

場に同席し、できるだけ誰の話なのかを隠さずに行うことが望ましいです。中、高学年の児童であれば、本人と一緒にスライドや配布資料などを作成し、本人に吃音のことを話してもらってもよいでしょう。吃音理解授業のスライドは巻末資料に例を示していますので、作成の際の参考にしてください（巻末資料 22）。

　また、同じクラスの児童ではなく、同じ学年の児童に対して吃音理解授業を行う場合もあります。特に、対象となる児童が学童保育に通っており、そこでも吃音のからかいのリスクがある場合には、同じクラスの児童だけでなく、同学年の児童へと吃音理解授業の対象を広げるとよいです。

　吃音理解授業は保護者と本人の同意を得た上で行います。ただし、児童が吃音理解授業を行うメリットを十分理解しておらず、授業を「やりたくない」と拒否する場合もあります。もちろん無理強いはできませんが、そのようなことが想定される場合には、吃音を周囲に伝えることのメリットを考える時間を設け、その上で吃音理解授業の実施について児童に打診しましょう。なお、巻末資料 19「こんなときどうする？⑥──きつ音について伝えるとき」は吃音のカミングアウトについて考えるプリントで、周囲に伝えることのメリットを考える際に有用です。

（5）保護者以外の同居家族への働きかけ

　同居している祖父母に対しては、保護者を通じて吃音の説明をしてもらうことが多いです。しかし、中には祖父母が「母親の育て方のせいで吃音になった」と誤解しており、保護者がうまく説明できない場合もあります。そのようなときはことばの教室に来てもらい、担当教員から直接説明するとよいでしょう。ことばの教室に来るのが難しい場合は、親向けの吃音の本をお勧めするなどし、正しい理解の啓発を図りましょう。『子どもの吃音ママ応援 BOOK』（学苑社）がお勧めです。

４ Z軸（X軸やY軸に対する本人の反応）への アプローチ

Z軸へのアプローチでは吃音症状や周囲の環境に対する反応へアプローチします。これは吃音に対する感情や態度へのアプローチとも言えます。

（1）ねらい

まず、Z軸へのアプローチのねらいの前に、吃音に対する意識について考えるところから初めてみましょう。下図は筆者が考案した「吃音の逆三角形」です。この図は吃音に対する意識を模式化したものです。縦軸は吃音に対する関心を、横軸は吃音に対する態度を示しています。

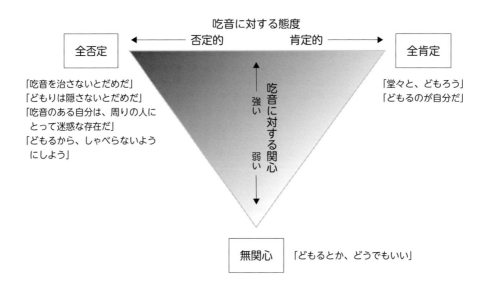

個人差はありますが、多くの児童の意識は発吃の直後から学齢期の最初の頃まで、中央下の「無関心」に近い位置にあります。しかし、吃音への指摘やからかいを受けたり、「吃音のせいで周囲に迷惑をかけてしまった」と本人が感じる経験を積んだりする中で、徐々に左上の「全否定」の方向へ近づきます。「どもりを隠さないとだめだ」「どもるからしゃべらないようにしよう」といった吃音に対する強い否定的な感情は、生活の質を大きく低下させます。

Z軸へのアプローチでは、吃音に対する意識が「全否定」の方へ行くのを予防した

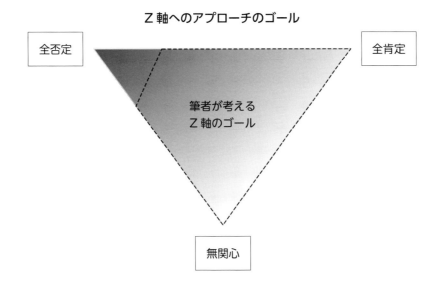

り、すでに「全否定」に近い意識を肯定の側へと移行させたりすることをねらいます。

　Z 軸へのアプローチのゴールはどこに設定すればよいでしょうか。これには様々な意見があります。臨床家によっては、逆三角形の右上（全肯定）をゴールとして設定する方もいるでしょう。しかし、それは、今現在、吃音に悩んでいる児童にとってはハードルの高いものです。

　筆者はもうすこし緩いゴール設定……すなわち、逆三角形の左上（全否定）以外であれば、どこでもよいことにしています。ここには、「どもるのが嫌なときはちょっとある」と思いつつも吃音と付き合っていける子どもも含まれます。筆者は、吃音の全否定にならないように予防すること、もしすでに吃音を全否定するような児童ならば、少しでも吃音に対する否定的な感情を緩和すること、を目標に指導しています。

　もちろん、「堂々とどもろう」というような児童や「吃音とか、どうでもいい」というような児童は、そのままで構いません。また、指導を通じて、結果的に「どもるのが自分だ」と、吃音を全肯定するようになってもよいです。ただし、最初からそういった地点をゴールに設定しない方がよいというのが筆者の考えです。

(2) Z 軸へのアプローチの内容

1) 吃音に触れる

　吃音に対する否定的な感情を軽減する方法の一つとして、安心・安全な場で吃音に触れることが挙げられます。なぜ、吃音に触れることが吃音に対する否定的な感情の軽減

につながるのだろう……と疑問をもつ方もいらっしゃると思いますので、その説明からしたいと思います。

　突然ですが、「犬恐怖症」を治すためにはどうすればよいでしょうか？「犬恐怖症」を克服するためには、まず、犬はそれほど危険な生き物ではないという正しい認識をもつ必要があります。その上で、安全な場で犬と触れ合うことが大切です（犬と触れ合うことなしに「犬恐怖症」の克服は難しいです）。吃音も同様で、吃音に関する正しい知識を教え、安全な場で自らの吃音と向き合えるようにします。そういった指導の中で、吃音に対する否定的な感情を軽減させます。

　具体的には、吃音マスタープリント（巻末付録12、13）を用いて、吃音についての基本的な知識を教えます。プリントは複数の項目からなっていますが、一度で全ての項目を行う必要はありません。一度の指導で2〜3項目程度行いましょう。吃音マスタープリントを行いながら、「○○さんはどう？」と児童自身の吃音について言及することも大切です。児童の中には、これまでに吃音について周囲に話した経験がないという子どももいます。そのような児童にとっては、吃音について他の人に話してもよいのだと気付いてもらうきっかけになります。

2）コーピングスキルの習得

　コーピングスキルとは、心理的なストレスに対する対処スキルのことです。吃音のある子どもは、話し方をからかわれるなど、様々な困難な場面に遭遇します。そういった場面でも適切に対応できるよう指導します。

　コーピングスキルの習得は「こんなときどうする？」（巻末資料14〜20）での学習を通じて行います。児童は想定文を読み、そのような場面に遭遇したときに自分ならどうするかを考えます。児童によっては対処の方法を全く想起できない場合がありますが、そのときは担当者が教えて構いません。その際は日をおいて、もう一度同じ箇所を取り上げ復習しましょう。

3）グループ活動

　グループ活動のねらいは自分以外にも吃音のある人がいることに気付いてもらうことです。また、交流を通じて新しい考え方を知ったり、自身の吃音への意識を変容させたりすることもねらいの一つとなります。

　筆者が行うグループ活動の一つに「右か左か真ん中かゲーム」があります。このゲー

右か左か真ん中かゲームの質問例

〈一般質問〉
　「エビフライの尻尾は食べる」「夏休みと冬休みなら、冬休みの方が好き」
　「海か山に旅行に行くなら、海」「たけのこの里ときのこの山なら、きのこ派？」
〈吃音に関係する質問〉
　「言葉がどもるのはちょっと嫌だなと思う」「みんなの前で発表するのは好きだ」
　「自分以外にも吃音のある人を知っている」「吃音が治る薬があったとしたら、飲む」
　「吃音があっても、なんとかなると思う」「吃音で困っても助けてくれる人がいる」

ムでは教室を三つに区切り、その上で質問を提示します。その質問に対して、「イエス」なら右に、「ノー」なら左に、「わからない／どっちでもいい」なら真ん中に移動します。質問に対して「そう思う」や「そう思わない」と答える児童に対しては、理由も答えてもらいます。質問の内容は「エビフライの尻尾は食べる？」「好きなものは先に食べる？」といったものから「吃音が出るのは少し気になる？」「みんなの前で発表するのは好き？」といった吃音に関連する質問へと徐々に変えていきます。質問に答える中で、悩みや困りごとを共有したり相談しあえたりする関係を作れるように促しましょう。また、児童が自らの吃音についての意見を発表する貴重な機会ですので、保護者に同席してもらうことをお勧めします。

　グループ活動は多くの回数を行えるとよいですが、教室事情なども鑑みると、学期に1回程度が一般的と思われます。しかし、月に1度グループ活動を設定している教室もあるという話も聞きますので、児童の実態や教室事情を加味して、柔軟に設定できるとよいでしょう。

⑤ 実践例①　小学 1 年生 A さんの指導

　ここからは、Aさん（小学1年生）の5月から翌年3月までの約1年間の指導・支援について紹介します。

（1）A さんについて

　Aさんは吃音を主訴とする6歳1ヵ月の男児（小1）です。発吃は3歳6ヵ月で、心配した母親が近隣の医療機関を受診しましたが、「自然と治りますので、様子を見ま

しょう」と言われ、それ以降、受診しませんでした。年長になっても吃音が治らなかったため、小学校就学のタイミングでことばの教室へ入級しました。4月からの入級でしたが、保護者と本人の希望があり、学校に慣れた5月からの通級となりました。なお、Aさんの在籍校にことばの教室はなく、母親の送迎のもと、自宅から片道15分程度の近隣の小学校のことばの教室へ通級しました。

(2) Aさんの見立て

　X軸については、吃音検査法における吃音重症度は非常に重度で、ほぼ全ての発話で吃音が認められました。吃音症状は音・モーラ・音節の繰り返し、引き伸ばし、阻止のいずれも見られました。5回以上の繰り返しや5〜10秒程度の長い引き伸ばしや阻止があり、体を大きく前後に動かしたり手を上下に動かしたりする随伴症状も頻繁にありました。

　次に、Y軸についてです。家庭と学校の二つに分けて考えてみました。家庭では、最後まで話を聞くなど、基本的な接し方に問題はありませんでした。しかし、吃音のことについてAさんと保護者とで話したことはないようでした。一方、学校では、入学直後から「なんでそんな話し方なの」「その話し方やめて」と言われることが頻繁にありました。

　Z軸については、周囲から吃音について聞かれることは嫌なようで、吃音のことを気にしている様子でした。また、「学校に行きたくない」ということが時折ありました。ただし、発話意欲は旺盛で、周囲と積極的に関わろうとする様子も見受けられました。

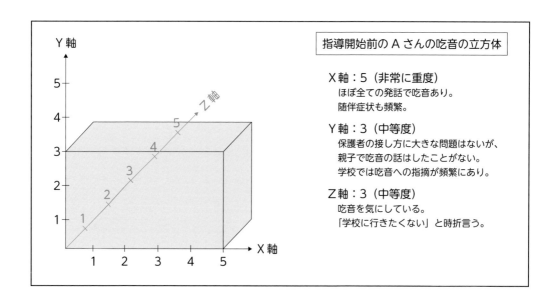

(3) 指導のねらい、内容と経過

1) X 軸へのアプローチ

《ねらい》吃音症状の緩和を図る。

《内　容》やわらかい声（25 ページ）、スペシャルタイム（28 ページ）

《経　過》

　やわらかい声は、5 月の初回の指導から行いました。やわらかい声のポイントを口頭で説明した後、担当者のやわらかい声を真似する形で練習を始めたところ、すぐにポイントをおさえた発声ができました。やわらかい声は毎回 20 〜 30 分ほど練習の時間を設けましたが、A さんの負担を考え、すごろくなどの簡単なボードゲームを用意し、10回やわらかく言えたら、1 回さいころを振り、コマを進ませることができるという形式で練習を積み重ねました。1 学期の内に 26 ページの順番で単語練習を終え、2 学期は文・文章の音読で練習をしました。

　スペシャルタイムは、6 月の指導から導入しました。毎回、パズルや間違い探しなど、本人が興奮しない遊びをしながら、本児に対して言語要求の少ない関わりをしました（詳しくは 29 ページ）。初回に担当者がやっているところを保護者に見てもらい、その後、自宅でも毎日 10 〜 15 分ほど取り組んでもらいました。自宅では最初の週から明らかな効果があり、スペシャルタイム時には、今まで 5 〜 6 回繰り返していたのが、2〜 3 回ぐらいで言葉が出るようになりました。また吃音生起時に力が入らなくなり、随伴症状が減りました。スペシャルタイムを始めた 1 ヵ月後には、普段の会話時にも効果が波及し、会話の中での吃音頻度の減少、随伴症状や力の入った吃音の大幅な減少という報告が保護者からありました。2 〜 3 学期の間は少しずつ発話速度を速くする、簡単な質問をするなど、スペシャルタイム時の保護者の要求水準を高めて、スペシャルタイムを、普段の会話に近づけていきましたが、吃音症状が増えたり、随伴症状や力の入った吃音が生じたりすることはありませんでした。

2) Y 軸へのアプローチ

《ねらい》本児の過ごしやすい家庭環境、学級環境を整える。

《内　容》保護者への情報提供、学級担任への情報提供とクラスメートへの周知

《経　過》

　保護者は以前受診した医療機関で吃音のある児童との関わり方について説明を受けて

いましたが、確認という意味合いも込めて、関わり方について説明しました。その際には、巻末資料6「吃音のあるお子さんの保護者へ」を用いました。また、指導後に毎回5分ほど面談する時間を設けました。その中で、足し算の計算カードの暗唱テストで制限時間内に答えられないという相談があったため、担任に相談し、制限時間を設けない方向で調整しました。しかし、Aさん自身から制限時間内に言いたいという要望が強く出たため、計算カードの暗唱テストでやわらかい声を使うようアドバイスしました。その結果、吃音はほとんど出ず、無事、制限時間内にテストに合格できました。

　学級担任に対しては、クラスに赴き、直接会って、吃音に関する情報提供を行いました（巻末資料8）。また、学級担任には、Aさんがことばの教室に来ているタイミングで、Aさんの吃音のことをクラスメートに伝えてもらいました。入学当初は吃音に対する指摘や質問を受けることの多かったAさんですが、担任からの説明の後は、指摘や質問を受けることはなくなりました。

3) Z軸へのアプローチ

《ねらい》吃音について保護者と話したり相談したりしてもよいことに気付かせる。
《内　容》吃音について安心して話せる場を定期的に設ける。
《経　過》

　Aさんは保護者と吃音の話をしたことがなく、吃音という言葉を知りませんでした。そこで、言葉が詰まったり繰り返したりすることを吃音というものであることを伝え、定期的に最近の言葉の調子のことを話題に取り上げました。また、保護者と吃音のことを話したことがなかったので、保護者も同席した場で、吃音の話をする時間を設けました。その結果、自分から保護者に話したりする様子も見られるようになりました。

4) 年度末（3月）の本児の様子

　以下は、年度末（3月）におけるAさんの吃音の立方体です。吃音検査法を年度末に実施したところ、吃音重症度は「中等度」でした。また、随伴症状や力の入った吃音はほとんどない状態でした。また、クラスで吃音のことを聞かれたりすることもなくなりました。入学当初は学校に行きたくないと言うことがありましたが、そのようなこともなくなり、毎日、特に問題なく学校へ行けるようになりました。

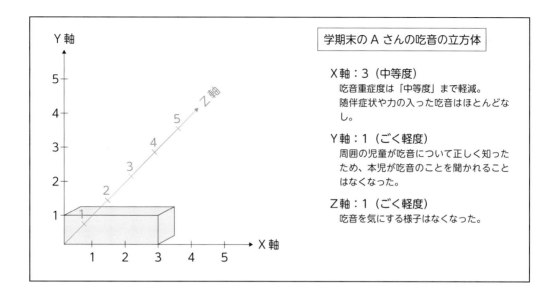

学期末の A さんの吃音の立方体

X 軸：3（中等度）
吃音重症度は「中等度」まで軽減。随伴症状や力の入った吃音はほとんどなし。

Y 軸：1（ごく軽度）
周囲の児童が吃音について正しく知ったため、本児が吃音のことを聞かれることはなくなった。

Z 軸：1（ごく軽度）
吃音を気にする様子はなくなった。

 # **実践例②　小学 3 年生 B さんの指導**

　ここからは、B さん（小学 3 年生）の約 1 年間の指導・支援について紹介します。

（1）B さんについて

　B さんは吃音を主訴とする 8 歳 11 ヵ月の男児（小 3）です。2 歳 10 ヵ月時に発吃しましたが、保護者は「いつか治るだろう」と考え、医療機関は受診しませんでした。小 2 の 2 学期に、学級担任との面談でことばの教室をすすめられ、小 3 の 4 月から週 1 回 60 分のことばの教室での指導が始まりました。

（2）B さんの見立て

　吃音検査法の吃音重症度は中等度であり、3 ～ 4 回程度の繰り返しとブロックがありました。学校や家庭では吃音に対する指摘はありませんでした。ただし、B さんは吃音についてほとんど知らず、吃音という言葉も知りませんでした。しかし、吃音への自覚はあり、音読や発表に対する苦手意識がありました。以上を踏まえて、B さんの実態を次のように見立てました。

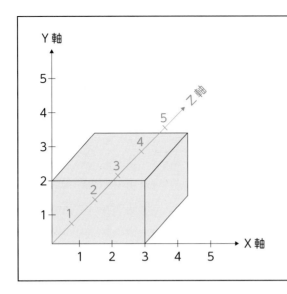

指導開始前のBさんの吃音の立方体

X軸：3（中等度）
　繰り返し、ブロックがある。

Y軸：2（軽度）
　吃音へのからかいはないものの、クラス
　メートは吃音について正しい知識をもっ
　ておらず、今後からかいが生じることも
　考えられる。

Z軸：3（中等度）
　音読や発表に対する苦手意識がある。

(3) 指導のねらい、内容と経過

1）X軸へのアプローチ

《ねらい》一時的に吃音症状を軽減する話し方を習得させる。

《内　容》やわらかい声（31ページ）

《経　過》

　吃音を一時的に減らすスキルとして、やわらかい声の指導を行いました。初回の指導では、巻末資料1「発声器官図」を見せながら、発声の仕方や吃音の出るときの口や喉の状態について確認し、それから、やわらかい声を教えました。やわらかい声の指導は、すごろくのような遊びを間に挟みながら、毎回20〜30分ほど行いました。指導後には、ことばの教室で練習した箇所と同じものを宿題として出しました。

　単語や文の段階までは特にゆっくり発声することを意識させました。ただし、そのままでは不自然さが残るため、文章の段階では、巻末資料2「発話速度調節練習プリント」を用いて、4モーラ／秒程度の速さまで発話速度を上げました。4モーラ／秒程度であれば、吃音が生じることはなかったため、その後はその速さで本や教科書の音読で練習をしました。

2) Y 軸へのアプローチ

《ねらい》本児の過ごしやすい家庭環境、学級環境を整える。

《内　容》保護者、学級担任への情報提供とアドバイス、吃音理解授業

《経　過》

　保護者へは、巻末資料 6「吃音のあるお子さんの保護者へ」を用いて、吃音の正しい知識や B さんとの接し方を伝えました。また、年度頭に学級に赴き、直接担任に対して B さんとの接し方について説明しました。加えて、保護者と B さん自身の承諾を得た上で、学年全体を対象とした吃音理解授業を行いました。吃音理解授業は、15 分ほどで学年全員を集めて体育館で行いました。その際には、巻末資料 22「きつ音のおはなし（吃音理解授業スライド）」をベースに B さんと話し合い、部分的に修正したものをスクリーンに投影しながら説明しました。その後の学芸会の練習では、吃音へのからかいや指摘は起きませんでした。ただし、劇のセリフのうち、どうしても言えないものが一つあり、B さんが困っていたため、担任と話し合い、他の児童と一緒に言うセリフに変更してもらいました。

　吃音理解授業の後、B さんからは「今まではクラスで音読してどもったときに、じろじろ見られている気がしていたけど、そんな感じがなくなった」という声が聞かれました。本当にそのようなことがあったのかはわかりませんが、「クラスで音読したり自分の意見を言ったりするのが楽になった」とも話しており、吃音のことを周囲に伝えることが B さんの安心感につながったようでした。

3) Z 軸へのアプローチ

《ねらい》吃音について正しい知識を数え、吃音に対する不安感を軽減させる。

　　　　　コーピングスキルを身に付けさせる。

　　　　　自分以外に吃音のある人がいることに気付かせる。

《内　容》吃音マスタープリント（巻末資料 13）、吃音児グループ活動、こんなときどうする？プリント（巻末資料 14 〜 20）

《経　過》

　1 学期に「吃音マスタープリント」を行いました。「吃音マスタープリント」では、毎回 2 〜 3 項目程度を担当者と読み、その内容について話し合いました。吃音のある人が日本には 120 万人ぐらいいるという個所を読んだところでは、「そんなにいるの！」とびっくりする様子がみられました。また 1 学期末の吃音児グループ活動では吃音のあ

る児童が10名ほど集まりました。グループ活動では、自己紹介や簡単なゲームを行いましたが、自分以外にも吃音のある人がいることに驚いた様子でした。グループ活動後には「同じ話し方の仲間がいた」「自分だけじゃなかった」という声が聞かれました。

　2学期からは、「こんなときどうする？プリント」を行いました。吃音のことをからかわれたときの対処法については、当初「無視する」しか答えられませんでした。そのため、担当者から「吃音のことを伝える」「先生に相談する」「お母さんに言う」といった複数の案を提示し、自分が使えそうな対処法について話し合いました。

4）年度末（3月）の本児の様子

　普段会話しているときの吃音症状については、年度頭から変化はありません。ただし、やわらかい声のスキルを身に付けたため、教科書の音読では、吃音症状を一時的に軽減できるようになりました。また、音読の宿題をするときに、自発的にやわらかい声を使うようにもなりました。やわらかい声では発話速度を落としますが、普通に音読するよりも吃音が生じないため、結果的に音読の宿題が早く終わるようです。宿題を早く終わらせたいBさんにとっては好都合のようでした。

　次にBさんの周囲の環境についてですが、1年間を通じて吃音へのからかいや指摘はありませんでした。吃音理解授業で吃音に関する正しい知識を啓発したことから、吃音へのからかいが生じにくい環境を作れたように思われました。

　Bさんの心理面については1年間の指導を通じて大きな変化がありました。当初は音読や発表に苦手意識の大きかったBさんですが、吃音理解授業を通じて、自身の吃音のことを知ってもらってからは、クラスで音読したり自分の意見を言ったりすることへの抵抗感が減り、授業中に挙手することが増えました。また、グループ活動で自分以外にも吃音のある人がいることを知ることができたのもBさんにとっては大きな収穫だったようです。吃音に対する知識や困ったときの対処法についても身に付きました。

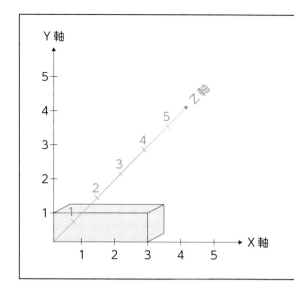

学期末の B さんの吃音の立方体

X 軸：3（中等度）
繰り返し、ブロックがある。ただし、やわらかい声を使うことによって、吃音症状を軽減させることができる。

Y 軸：1（ごく軽度）
吃音についてクラスメートの理解がある。

Z 軸：1（ごく軽度）
クラスで挙手することが増えた。
自分以外にも吃音のある人がいると知り、心理的に安定してきた。

 # 実践例③　小学 6 年生 C さんの指導

ここからは、C さん（小学 6 年生）の約 1 年間の指導・支援について紹介します。

(1) C さんについて

C さんは吃音を主訴とする 11 歳 5 ヵ月の女児（小 6）です。発吃は幼児期で、小 5 よりことばの教室での通級指導を受けています。5 年生のときの通級担当者が異動となり、小 6 より担当することになりました。

(2) C さんの見立て

吃音検査法の吃音重症度は重度であり、繰り返し、引き伸ばし、ブロックのいずれも見られました。前通級担当者から、やわらかい声の指導を受けており、文章の音読や絵の説明の段階まで進んでいました。5 年生のときに、吃音理解授業を実施しており、周囲の理解が得られているようでした。一度、下級生から吃音のからかいを受けたものの、仲の良いクラスメートが助けてくれたという経験がありました。同学年児童からのからかいはなく、担任は授業中の音読を斉読にするという配慮をしていました。そのため本児は安心してクラスで生活できていました。吃音に対しては嫌だと思うことがある

ものの、発話場面を回避することはありませんでした。むしろ、クラスの学級委員に立候補するなど、集団の前に立って話したいという意欲がありました。ただし、前通級担当者から教わったコーピングスキルは忘れてしまっているものもありました。以上の情報を踏まえ、以下の立方体のようにCさんを見立てました。

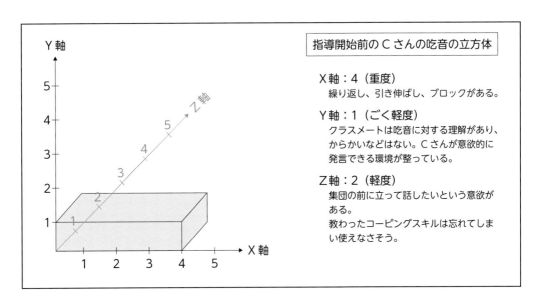

指導開始前のCさんの吃音の立方体

X軸：4（重度）
繰り返し、引き伸ばし、ブロックがある。

Y軸：1（ごく軽度）
クラスメートは吃音に対する理解があり、からかいなどはない。Cさんが意欲的に発言できる環境が整っている。

Z軸：2（軽度）
集団の前に立って話したいという意欲がある。
教わったコーピングスキルは忘れてしまい使えなさそう。

(3) 指導のねらい、内容と経過

1) X軸へのアプローチ

《ねらい》会話の中で準備的構えを使えるようにする。

《内　容》吃音捕まえゲーム（32〜33ページ）、引き抜き法、準備的構え（31〜34ページ）

《経　過》

　Cさんはすでにやわらかい声の練習をしており、文章全体をやわらかい声で言うことはできました。しかし、クラスで自発的に使うことはありませんでした。理由を聞いてみると、「やわらかい声はちょっと変な話し方だから」とのことでした。そこで、より自然な形でやわらかい声を使えるように、準備的構えを会話で使えることを指導目標に定めました。まず、導入として、吃音捕まえゲームを行い、その上で、引き抜き法、準備的構えへと練習を広げていきました。1学期に準備的構えを文章の音読や絵の説明で使える段階まで行い、2学期からは会話の中で準備的構えを使う練習を行いました。

　吃音捕まえゲームですぐに自分の吃音を捕まえられるようになりましたので、すぐに

引き抜き法の練習に入りました。上手に使えたときには「今、すごく上手だったね」「すごく自然にやわらかく言えていたよ」と伝えるようにしました。ある程度、引き抜き法を使えるようになってから、準備的構えの練習へと進みました。準備的構えのプリント（巻末資料 5）を示し、「吃音が出そうになったら、やわらかい声で言うよ」と伝えたところ、すぐに準備的構えを使って読むことができました。

2) Y軸へのアプローチ

《ねらい》C さんの過ごしやすい家庭環境、学級環境を整える。

《内　容》保護者、学級担任への情報提供とアドバイス

《経　過》

　前年度から担任は変わりませんでしたが、年度頭にクラスに赴き、再度、吃音についての説明を行いました。保護者に対しても吃音についての基本的な情報の提供を行いました。

　3 学期には、中学校進学に向けての引継ぎの段取りについて担任と調整しました。Cさんは地元の中学校に進学予定でしたので、担当者が引継ぎ資料を作成し、その資料をもとに担任が中学校へと引き継ぎました。ただし、「中学校では必要な人にだけ自分から言うから全員に言わなくていい」という C さんの意思を尊重し、クラスメートへの吃音の啓発については資料に明記しませんでした。引継ぎ資料には、担当者からの資料に加えて、東京都立公立学校難聴・言語障害通級指導教育研究協議会が作成した中学校・高校の先生向け吃音リーフレット（www.tonangen.com よりダウンロード可能）を同封しました。

3) Z軸へのアプローチ

《ねらい》コーピングスキルを身に付けさせる。吃音に対する否定的な感情の軽減を図る。

《内　容》こんなときどうする？プリント（巻末資料 14 ～ 20）、吃音児グループ活動

《経　過》

　前年度までに、「こんなときどうする？プリント」を行い、一通りのコーピングスキルの指導を行っていました。忘れているところも多いようでしたので、再度行いました。その際には、プリントで学習した後に、C さんと指導者とでロールプレイを行いました。吃音のことを聞かれる場面や吃音をからかわれる場面を取り上げ、最初は台本あ

りで、徐々に台本なしで言えるように練習しました。最初は台本なしだと何を言えばよいのかを忘れてしまうようでしたが、だんだんと言えるようになりました。

学期1回の吃音児グループ活動では、年下の参加者が多く、リーダーとしてグループをまとめることができました。年下の参加者から、どもって恥ずかしいときはどうすればいいかを尋ねられ、Cさんなりの方法を答えることができました。

4) 年度末（3月）の本児の様子

図は年度末におけるCさんの吃音の立方体です。何も工夫をしていないときの吃音症状は年度頭から変わりありません。しかし、指導者との会話の中では、準備的構えを使うことがあり、そのときには、目立った吃音症状が出ることは多くありません。

周囲の環境についても、学級、家庭共に良い状態が続いています。

吃音に対しては今も嫌だと思うことはあるようです。ただし、回避行動はなく、クラスの中でも意欲的に発言をしています。吃音児グループ活動で年下の吃音のある児童に対してアドバイスするなど、Cさんなりのコーピングスキルが身に付いていました。

Cさんは小学校卒業に伴い、ことばの教室を退級しました。最後の指導では、中学校で部活と勉強を頑張りたいこと、将来は自分の経験を生かして、言語聴覚士になりたいという夢を語ってくれました。

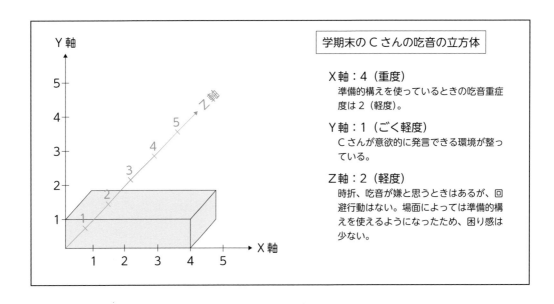

学期末のCさんの吃音の立方体

X軸：4（重度）
準備的構えを使っているときの吃音重症度は2（軽度）。

Y軸：1（ごく軽度）
Cさんが意欲的に発言できる環境が整っている。

Z軸：2（軽度）
時折、吃音が嫌と思うときはあるが、回避行動はない。場面によっては準備的構えを使えるようになったため、困り感は少ない。

第 3 章

言語聴覚士による指導・支援

筆者は、吃音症状（「スピーチ」）には、「ランゲージ（言葉の表現力）」と「こころ（吃音の悩み）」の両方が関わると考えています。そして、その関わり方は年齢によって「ランゲージ（言葉の表現力）」が大きかったり「こころ（吃音の悩み）」が大きかったりするように考えます。本章では、このような考えを前提として、まず全学年に共通するスピーチに対する練習法（ぬいぐるみを使った音読指導）を紹介し、次いで学年ごとの指導の組み立てのところで「ランゲージ（言葉の表現力）」や「こころ（吃音の悩み）」に対してアプローチする方法を解説します。

① ぬいぐるみ（視覚的手掛かり）を使った音読指導

　一言でいうと、どもりやすい話し方をどもりにくい話し方に変える方法です。やわらかい発声（第2章25ページ）を使い、ぬいぐるみを歩かせながら、一音一音を同じ長さのゆったりとしたスピードで音読します。吃音のある子どもは、耳で聞いただけではどもりにくい話し方を真似ることが苦手な場合があります。ある音からある音にうつるタイミングを、ぬいぐるみが歩くときの足の動きになぞらえて、視覚的手掛かりとしています。

　練習のはじめは、抑揚のないゆったりしたスピードで読むため違和感がありますが、上手になると、ぬいぐるみは使わずに普通のスピードでスラスラと読めるようになります。

　「ぬいぐるみを歩かせる」という手の動きを伴うため、練習をスタートしてすぐに、子どもはスラスラと読むことができます。ここに、成功体験があり、言葉の練習へのモチベーションが生まれます。

　ただし、この方法の目的は動作を伴わせることではないことを十分に理解ください。目的は、どもりにくいリズムの獲得です。ぬいぐるみを使わず人差し指と中指などの指で行うと随伴症状につながる可能性があります。決して指や手などの体で行わないようにしてください。そして、その日の音読練習の最後には必ずぬいぐるみを消去する手続きを使って終了します。

（1）斉読

　ぬいぐるみを、子どもと先生が1体づつ持ちます。

ぬいぐるみの足を持ち、一音ごとに一歩一歩歩かせ
るようにして、やわらかい声で一緒に読んでいきま
す。

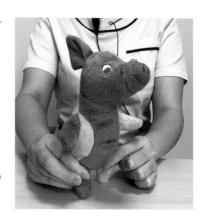

「あーるーとーこーろーにー、もーもーちゃーんー
とーいーうーやーさーしーいーむーすーめーがーいー
まーしーたー。」というように。

一音ごとに母音を引き伸ばすことで、その間に次の
音を言う準備ができ、言いやすさにつながります。

(2) 交代読み

斉読でリズムやスピードがつかめたら、交代読みに進みます。

最初は先生がやわらかい声で「あーるーとーきーもーもーちゃーんーがー、」と、「、」
まで、ぬいぐるみを歩かせながら読みます。次に子どもが「こーいーぬーのーバーニー
とーふーたーりーでーあーるーいーてーいーるーと、」と、やはりぬいぐるみを歩か
せながら「、」まで読みます。スムーズに読むことができていたら適宜スムーズである
こと、上手に読めていることを言葉で伝えます。これを繰り返していきます。徐々に
「、」ではなく「。」で交代するというように、長さを長くしていきます。

(3) ぬいぐるみの消去手続き

上記の方法で数ページまたは１冊の終盤まで読んでいき、ぬいぐるみを歩かせながら
スラスラに読むことができるようになったら、今度はぬいぐるみなしでスムーズに読む
ことを目指します。これは、段階的に丁寧に行います。

① 　先生のぬいぐるみを片付けます。上記の読み方で「。」まで先生が読むときに、子
　　どもは、先生の声に合わせて自分のぬいぐるみを歩かせます。これで、先生のタイミ
　　ングを自分の中に定着させるのです。
② 　次に子どもの番です。子どものぬいぐるみを先生が貸してもらい、子どもの声に合
　　わせてぬいぐるみを歩かせます。子どもは、本の向こう側に見えるぬいぐるみの足を
　　意識しながら読んでいきます。これを繰り返します。つまり、先生が読むときは子ど
　　もがぬいぐるみを歩かせ、子どもが読むときには先生が歩かせるのです。
③ 　数ページこの方法でうまくいったら、今度は先生が読むときは子どもがぬいぐるみ

を歩かせる、子どもが読むときは、先生がぬいぐるみを机の上にさりげなく持っているだけというように手掛かりを減らしていきます。

④　さらに数ページ読んだ後には、ぬいぐるみは歩かせません。つまり、先生が読むときには、子どもが持つ、子どもが読むときには先生が持つという、ぬいぐるみのやりとりだけです。ここでぬいぐるみはリマインダーの役割に代わります。

⑤　最後は、何気なくぬいぐるみを先生の膝の上などにそっと置いて「。」交代で読んでいきます。自転車の練習と同じやり方です。後ろを支えてもらっていると思っていたら、いつのまにか一人でこいでいたという懐かしい思い出がある方は多いのではないでしょうか。

　この段階になると自信がつきますので、「。」交代から段落交代、ページ交代、というように、読む分量を増やしていきます。

　音読は、この方法ですぐに上手になります。また、読むスピードは、「。」交代を繰り返す段階から、先生が、ごくわずかずつペースをあげていき、ページ交代になるころには、テレビドラマのナレーター程度の落ち着いたスピードを目指します。

　スピードを少し上げて症状が出たら、また落とす、とか、ぬいぐるみなしで症状が出たら、またぬいぐるみを歩かせるというように、一つ前の段階に戻しやすいというのもこの方法のメリットです。

＊歩く場所にシールを貼る方法

　「ぬいぐるみを歩かせながら」というポイントに注目してくれず、他に注意が向いてしまう子どももいます。その場合は、机にシールを貼ってその上を歩かせると、目的が伝わりやすくなります。

　ぬいぐるみを消去した後も、シールがリマインダーになってくれるという効果もあります。

② 苦手な音の上書き練習法

「あ行が言いにくい」「か行が言いにくい」など、苦手な音がある場合の練習方法です。大切なのは、最初に、「必ず苦手ではなくなる」と伝えることです。そして、丁寧に、ぬいぐるみを使った音読指導と同じ方法で練習します。

(1) 単語（巻末資料 21「単語練習用リスト」）

	レベル 1	レベル 2
	あい　あん　あさ　あんこ アート　アップ　あいず あいて　あくび　あくま	あきかん　あさがお　あさねぼう　アレルギー アルミホイル　アクセサリー　アナウンサー アジフライ　アニメーション　ありがとうございます

方法

> 先生・子ども：苦手な音で始まる単語をぬいぐるみを歩かせながらやわらかい声で一緒に読む。
>
> 先　　生：ぬいぐるみを歩かせながら単語を一つ読む。
>
> 子ども：ぬいぐるみを歩かせながら、次の単語を読む。
>
> 以上を繰り返し、ぬいぐるみを使った音読指導同様ぬいぐるみを消去していく。
>
> 先　　生：「○の音が上手になった」「もう○でつっかえなくなった」と適切なタイミングで具体的に褒め、苦手な音でもどもらないことを意識づける。

(2) 短文

方法

ぬいぐるみを使った音読指導と同様。

適宜具体的に褒めながら、「○の音が苦手」という意識を上書きしていきます。また、他の場面で苦手な音がスムーズに言えた時を見つけて伝えます。

> あした　あのこに　あやまろう
>
> あつい　ココアで　あたたまる
>
> あわてて　ドアを　あけました
>
> あたまや　てあしを　あらいます
>
> あめの　なかを　あひるが　あるく

岡崎恵子・船山美奈子編著（2006）構音訓練のためのドリルブック改訂第 2 版. 協同医書出版社.

3 低学年へのアプローチ

（1）指導の組み立て

1) 話し方の練習（ぬいぐるみを使った音読指導）
2) 会話の練習（言語発達を促す言葉の教材 59 〜 69 ページ）
3) いま、困っていることに対する対応

1) 話し方の練習（ぬいぐるみを使った音読指導）

　音読は吃音のある子どもの多くが苦手と認識していますが、実は最も早く効果があがるものです。英語の勉強に例えると、会話はできなくても、音読はできるのと似ています。苦手な音がある場合は、（苦手な音の上書き練習法、57 ページ）も合わせて行います。

2) 会話の練習（言語発達を促す言葉の教材、59 〜 69 ページ）

　低学年は、一日一日どんどん難しい言葉を吸収し、それを使おうとする時期です。長く難しい説明をする場面で吃音が増えます。難しい言葉も、使い慣れてしまえば易しい言葉に代わります。子どもが、わかっていそうでもうひとつ曖昧だ、という部分を見つけ、そこを練習します。一歩一歩階段を上がるように、段階的に長い言葉・難しい内容の発話に向かって練習を積み上げていきます。

3) いま、困っていることに対する対応

　例えば九九の 7 の段で吃音が出ている場合には、学級担任に配慮をお願いすると同時に、「苦手な音の上書き練習法」と同じやり方で九九の表を見ながら、ゆっくりと段階的に 7 の段の練習を行います。

（2）言語発達を促す言葉の教材

1）助詞

①　「が」「で」「に」「を」

　低学年の時期は、特に「が」「で」「に」「を」といった助詞の操作が重要なポイントです。日常会話では、「ごはんたべる」というように、助詞が省略されて使われることが多いため、十分に獲得されているかどうかに気付きにくいのが、この「が」「で」「に」「を」です。

　左のような絵を見て、「何を切ってる？」とたずねると、「はさみを切ってる」と答えてしまう子どももまだまだ多いです。

　このように、理解はしているけれど、自分が言うときには間違ってしまう子どもには、その後のさらに難しい助詞の理解や使用（可逆文・可逆受動文）の獲得を視野に入れ、基礎の部分をドリル形式で練習します。

＊連語練習ワーク（葛西ことばのテーブル）

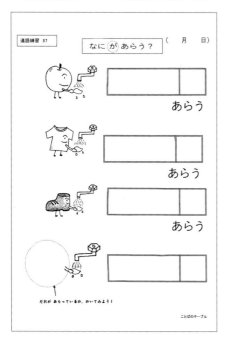

　シンプルに、助詞表出の練習ができます。

　「なーにーがー、あーらってーるー？」と、こちらがやわらかい声で繰り返し尋ねていくうちに、子どもは言葉のリズムを自然に真似て答えます。最初は「りんご」と単語で答えていた子どもも、「りーんーごーがぁ♪」とたずねて文章発話を促すと、「りーんーごーがーあーらってーるー」と助詞を含んだ文章で答えてくれるようになります。また、最後は自分で想像して答える設問があり、思考をやわらかくする練習になります。

　最初はなかなか思いつかなかった子どもも、数ページ進めるうちに、自由で楽しい発想で答えてくれるようになります。

*がでにを練習ワーク（葛西ことばのテーブル）

これは、連語ワークよりも少し難易度が高いワークです。質問の仕方は、助詞のヒントを与えず、やわらかい声で「なーにーしーてーるー？」と聞きます。

② 可逆文

小学校入学前後は、「お母さん**が**男の子**を**追いかける」「お母さん**を**男の子**が**追いかける」というように、助詞の「が」「を」を入れ替えると意味が変わってしまう可逆文の理解と操作を獲得する時期です。「男の子」や「お母さん」といった、それ自体が意味をもつ単語に挟まれている助詞を聞き逃さない注意力が必要です。

動作の主体が先に来る正語順「お母さんが男の子を追いかける」は、理解も表出も容易ですが、逆語順「男の子をお母さんが追いかける」は難易度が上がります。

また、理解はできていても、「男の子を先に言ってね」と表出を促すと、「男の子がお母さんを追いかける」と言ってしまいがちです。

今度は「男の子」を先に言ってみて

＊食べる

理解の練習

◎表出の練習

| を | が | たべる |

| が | を | たべる |
| を | が | たべる |

語順カード

方法

理解の練習

先　　生：私が言うように食べさせてね。
　　　　　「ぶたがうさぎを食べる」

子ども：（ぶたをうさぎの口の中に入
　　　　　れる）

先　　生：ぶたをうさぎが食べる。

子ども：（ぶたをウサギの口の中に入
　　　　　れる）

間違ってしまう子どもには、語順カー
ドを示しながら問題を出します。

表出の練習

先　　生：（語順カードをどちらか1枚
　　　　　示し）この順番で、今度は
　　　　　あなたが先生に問題を出し
　　　　　てね。

子ども：ぶたがうさぎを食べる。

先　　生：（教材を動かす）

先　　生：今度は、「を」を先に言う言
　　　　　い方で言ってみてくれる？

子ども：ぶたをうさぎがたべる。

動物を使った可逆文「食べる」は、残酷な感じがしますが、その分イン
パクトがあるため、理解が促されやすいと考えます。

途中で混乱してきた時には、たとえばニンジンなどのカードで非可逆文
「ニンジンをブタが食べる」の練習をはさむと理解しやすくなります。

このように、「食べる」は応用が利きやすいテーマであるとも言えます。

② 可逆受動文

可逆文と同様、「ブタがウサギに食べられる」「ブタにウサギが食べられる」というよ
うに、助詞が変わると意味が変わる構文です。上記の教材を使って「食べられる」の提
示をします。これは、話し言葉では、正確に使っているように見えるのですが、実は、
「ブタがウサギに食べられる」という正語順は理解していて使ってもいますが、実は
「ブタにウサギが食べられる」の逆語順は十分に理解しておらず、自身も使っていない
ということがよくあります。日常会話で意味を取り違えてしまい、コミュニケーション
がかみ合わないことになります。可逆文で練習した方法と同じ方法で、語順カードを変
えて行います。「思い込まずに注意して聞く力」を育てる練習にもなります。

＊語順カード

が　　に　　たべられる

に　　が　　たべられる

「食べる・食べられる」が上手になったら、今度は様々なバリエーションで練習しま
す。

＊可逆文・可逆受動文のバリエーション（例）

が	を	たたく
を	が	たたく
が	に	たたかれる
に	が	たたかれる

が	を	あらう
を	が	あらう
が	に	あらわれる
に	が	あらわれる

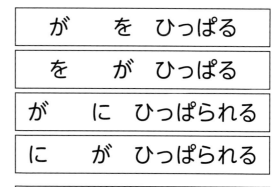

が	を	ひっぱる
を	が	ひっぱる
が	に	ひっぱられる
に	が	ひっぱられる

が	を	くすぐる
を	が	くすぐる
が	に	くすぐられる
に	が	くすぐられる

が	を	ける
を	が	ける
が	に	けられる
に	が	けられる

が	を	おす
を	が	おす
が	に	おされる
に	が	おされる

が	を	つねる
を	が	つねる
が	に	つねられる
に	が	つねられる

うまく言えない場合の補助

　わかっていても、犬をうさぎと言い間違えたり、言葉がすぐに出てこない場合があります。犬・うさぎの絵カードを準備しておき、それを子どもが文字カードにあてはめて、見ながら言ってもらいます。そうすると、単に言い間違えたのか、理解が不十分なのかもわかりますし、単に言い間違えている場合は、成功体験からスタートすることができます。

 を が　つねる

2) 説明

　「わかっているけれど、支離滅裂になってしまう」子どもや、「こちらが、わかっていると思っていたけれど、実は十分に理解しているわけではなかった」子どもに行います。

・　同時に二つ以上の条件を含むことがらの理解と説明

＊位置の説明　　「上から〇番目で右から〇番目」

材料：表 2 枚　絵カード 5 組程度　下が透けて見える紙テープ 2 枚

　　　答え方カード　ついたて

方法

理解の確認

子どもの前に表と絵カードを置く

先　生：車を上から3番目で右から2番目
　　　　　に置いてください。

（正しく置くことができなかったら、表の
「うえ」「みぎ」と同色の透けるカラーテー
プを使い、テープが重なる場所が目的の場
所であることを示します。）

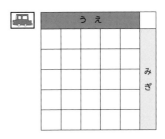

発話の練習

先　生：（やわらかい声で）車はどこにあ
　　　　　りますか？

子ども：（答え方カードを見ながら）上か
　　　　　ら〇番目で右から〇番目です。

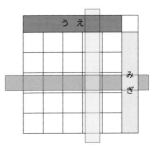

ついたて

先　生：1枚ずつ順番に伝える。

子ども：1枚ずつ「置きました」と答える。

先　生：（5枚の絵カードを子どもが置き終
　　　　　えたら）

「じゃじゃ〜ん」とついたてを外す。

以上の手続きを交代で行う。

上手に言えるようになったら、答え方カー
ドなしで行う。

うえから〇ばんめ　の
みぎから〇ばんめ　です。

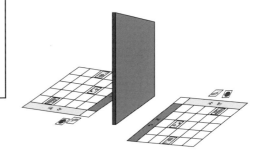

66

＊質問ゲーム

　位置の説明と同様、言葉だけで伝える力を伸ばす課題です。子どもは、「台所にあっ
て、食べ物を冷やす道具です」と言われると簡単に「冷蔵庫」と答えられますが、自ら
「それは道具ですか？」「どこで使うものですか？」というように、能動的に質問をする
場合は何から尋ねるか迷うため、難しくなります。この大きな概念から小さな特徴に向
かって順に尋ねていく課題を通して、他者に物事を説明する際の適切な焦点化や順序性
を身につけ、効率的に説明できるようになることをねらっています。

ヒントカード

上位概念とそれにつながる属性を書いたもの

白黒絵カード

身近な事物のカード多数

いきもの	みにつける もの	かざるもの
どうぶつ とり むし さかな すんでいるところ あしのかず しっぽ	きるもの からだのどこ いつ いろ かたち おおきさ	どこにかざる いつかざる いろ おおきさ かたち
どうぐ	たべもの	のりもの
どこでつかう なにをする いつつかう おおきさ いろ かたち	やさい くだもの にく さかな おやつ あじ いろ かたち	どこをうごく だれがのる なんにんくらい おおきさ いろ たいや

方法

子ども：（カードを 1 枚ひいて先生に見せないように持つ）

先　生：それは、動物ですか？

子ども：ちがいます。

先　生：それは、道具ですか？

（正解にたどり着くまで、上位概念から順に質問していく）

＊以下交代で行う。子どもが質問の仕方を迷ったときは、ヒントカードを見せて質問し
　てもらう。

3) やりとり練習

「目の前にあることがらの説明は楽にスムーズに言えるようになったけれど、会話のキャッチボールになると難しい」段階の子どもには、絵の手がかりを使いながら、「結論から先に言う練習」「臨機応変さの練習」「接続詞を使って話す」課題で会話のパターンを練習します。

①　結論から先に言う練習

話す意欲にあふれるあまりどもりやすくなっているように見える子どもがいます。結論にたどり着こうと急ぎ、細部が色々、バラバラに出てきて支離滅裂になっています。結論を先に言う習慣をつけることで、その後に続く理由を落ち着いて考えながら伝えることができるようになります。

＊どうしてかというと

どうしてかというと
〜からです。

答え方カード

絵カード
動物・食べ物など同カテゴリーのカード複数枚

方法

先　生	（カードを2枚ひいて机に置く。その横に答え方カードを置く。やわらかい声で答え方のモデルを示す。） 私はカエルとパンダではカエルの方が好きです。どうしてかというと、カエルの方が小さくてかわいいからです。
子ども	（次のカードを2枚ひき、同様に行う。）

数枚行い、答え方のパターンをつかんだら、ヒントカードは片付ける。

② 臨機応変さの練習

　会話とは、相手が言った言葉に対して、自分が何か言うことの繰り返しです。説明よりも会話が難しいのは、相手が何を言うかわからないことにあります。そこで、カードを使って、交代お話づくりを行います。最初は、考えつくまでずいぶん時間がかかっていた子どもも、徐々に反応時間が早くなってきます。ひいたカードによっては突拍子もないお話になり、自然と笑いが生まれます。

＊**交代お話づくり**

方法：カードをひいて、カードの数だけどんどん文章をつなげていきます。

子ども：黒いネコがいました。
先　生：黒いネコはごはんを食べ過ぎておなかがいたくなったので、病院に行きました。
子ども：病院はとても混んでいたから、ネコは椅子に座って待っていました。

③ 接続詞を使って話す練習

　説明が苦手な子どもの場合、接続詞の理解と使用が十分ではない印象があります。「交代お話づくり＋接続詞」で説明上手になることを目指します。

＊**交代お話づくり＋接続詞**

方法：絵カードと接続詞カードをひいて文章をつなげていきます。

子ども：黒いネコがいました。
先　生：だから、病院に連れて行って、病気をしていないかみてもらいました。
子ども：ところが、病院のふかふかのソファに、ネコはおしっこをしてしまいました。

4 中学年へのアプローチ

(1) 指導の組み立て

> 1) 話し方の練習（ぬいぐるみを使った音読指導 54 ～ 56 ページ）
>
> 2) 会話の練習（おしゃべり好きになる言葉の教材 70 ～ 73 ページ）
>
> 3) いま、困っていることに対する対応

1) 話し方の練習（ぬいぐるみを使った音読指導）

　自分の話し方に対する友だちの反応に敏感になり始める頃です。練習の場面では何ページでもスムーズに音読できますが、教室で読むとつっかえることがあります。これは、音読でどもっているのではなく、場面でどもっているということになります。グループ学習を導入し、順番に読んでもらう、ランダムに指名して読んでもらうなど、色々なパターンで行うことができればと思います。

2) 会話の練習（おしゃべり好きになる言葉の教材 70 ～ 73 ページ）

　思考や感情に厚みが増し、伝えたいことがらが複雑になってきます。順序立てて説明することが苦手で支離滅裂になりやすい子どもは、そこで言葉が滞りやすくなります。見かけ上は吃音があるために言葉が出にくいように見えるかもしれませんが、文章の構成が苦手で言葉選びに迷い、吃音が出やすくなっているという状態もあります。この年齢の子どもには、文章構成力・表現力を伸ばす教材を使った練習を多く行います。

3) いま、困っていることに対する対応

　健康観察、発表、日直など一人ひとりが困っていることは違います。子どもと話し合い、それぞれのことがらにたいして環境と本人の両方に働きかけを行います。

(2) おしゃべり好きになる言葉の教材（中学年・高学年・中学生）

1）言葉に見出しをつける

　目の前にあることがらの説明はスムーズに話すことができるけれど、過去の経験の説明や自分の考えを伝えるときに吃音が増えることがよくあります。筆者は、頭の中にあるファイルに言葉がごちゃごちゃに入っているため、いざ取り出そうとするとつっかえたり、時間がかかったりしていると仮定しています。言葉が取り出しやすくなるように、言葉に「見出し」つまりインデックスをつける作業を行います。

＊本の要約

　短い本を用意します。1ページだけ音読してもらい、本を閉じます。

　そして、どんなことが書いてあったかを尋ねます。最初はインデックスカードを見ながら話してもらいます。それを繰り返し、1冊読んでしまったら、あらすじを自分の言葉で話してもらいます。そのうち、インデックスカードなしで効率的に話してくれるようになります。

1.	いつ
2.	どこで
3.	だれが
4.	○○した

インデックスカード

＊こころかるた（クリエーションアカデミー）

　交代でカードに書かれた質問に答えるゲームです。

　「あなたはお休みの日に何をするのが好き？」や、**「あなたはいけないことをしてしまいました。"ごめんなさい"っていえますか？」**などの質問が書いてあります。

　このような自由度の高い内容の質問も、インデックスをつけることで、とても言いやすくなります。子どもは、結論に向かって様々な理由を言いがちです。そうなると結論を言おうとして話すスピードは速くなり文章は長くなります。「結論を先に言う」説明のコツをつかむと、落ち着いて理由を伝えることができるので、吃音が出にくくなります。

① けつろん 「ぼく（私）は、○○だと思います。」
② 理由やけいけん 　　いつ 　　どこで 　　だれが 　　○○した 　　○○と思った

インデックスカード

2) 感情・感覚のワーク

　自分の気持ちにぴったりの言葉を探すことは難しいし、それを誰かに伝えるのは気恥ずかしいものです。吃音のある子どもにとっては、一生懸命考えながら話して、その上詰まるので、もうめんどくさくなってしまいます。「わかってくれない」と悲しむより、「言葉で伝えてつながった」うれしい感覚を体験してもらいます。感情・感覚のワークを先生やグループ学習の仲間と行い、微妙なニュアンスに合う表現語彙を増やすこと、自分の気持ちや感覚を伝えるのに抵抗が少なくなることを目指します。

＊いろいろメジャー

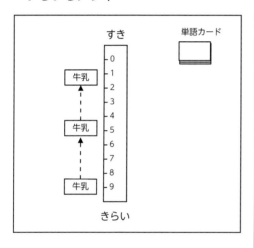

方法

先　生：	私は牛乳が大嫌いです。でもどうしても飲まないといけないときは飲めるので、嫌いレベルは、8くらいだと思います
子ども：	僕も牛乳は8くらい嫌いです。
先　生：	お砂糖を入れたらどのくらいになりますか？
子ども：	お砂糖を入れたら、4くらいになります。でもそれに、コーヒーを入れたら、1くらいになります
先　生：	コーヒーとお砂糖入れたら、ほとんど好きくらいになったね。

　同じものでも状態が変わると感じ方が変わるということを自然な形で認識してもらいます。算数の発表でたまたまどもったときに、「僕は人前でどもる」と拡大解釈するのではなく、「算数のときはどもったけれど、国語のときはどもらなかったから、発表が特に苦手ってわけじゃないかも」と、客観的な捉え方をする練習です。

＊こころことば

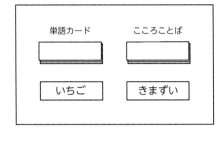

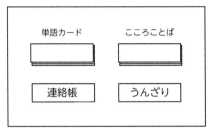

材　料	様々な単語カード 「うんざり」「ほのぼの」「ほっと」など、感情や感覚を表すこころことばカード多数
方　法	単語カードとこころことばカードを 1 枚ずつめくって文章をつくる
先　生	：今日、給食でいちごが出たときに、私が一番大きかったので、なんだか気まずかったです。
子ども	：今日また連絡帳を忘れました。なんでいつも忘れちゃうんだろうとうんざりしました。

＊こころことば＋接続詞

　上記の課題が上手になったら、接続詞を加え、さらに内容をふくらませて、文章を作ります。交代で文章を作りながら、お互いにそれに対するコメントをしていくと、雑談の力もついてきます。

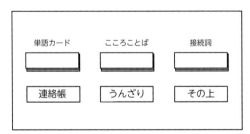

子ども	：今日、連絡帳を忘れました。なんでいつも忘れちゃうんだろうとうんざりしました。その上、鉛筆もけずってなくて、へこみました。
先　生	：そんな日ってあるよねー。先生も、あるある〜。

5 高学年から中学生へのアプローチ

（1）指導の組み立て

1）話し方の練習（ぬいぐるみを使った音読指導）
2）会話の練習（おしゃべり好きになる言葉の教材 70 ～ 73 ページ）
3）いま、困っていることに対する対応
4）悩みの正体を知るワーク（悩みに取り組む言葉の教材 75 ～ 76 ページ）

　思春期は、他者と自分とのちょっとした違いにも過敏になるころです。「吃音があるから……」「吃音さえなければ……」というように、吃音の悩みにこころが占められてしまうこともあります。この時期は、話し方や会話の練習と同時に、自分の吃音について少しだけ引いた視点をもつこと、また、自分の感情についても、吃音とくっつけて考えない習慣をつけることに重点を置きます。現在の吃音の苦しさ・悲しさを認識しながらも、一方では自分のこころを再生に向かわせているという、アンビバレントな健全さを目指します。

1）話し方の練習　ぬいぐるみを使った音読指導をご参照ください。
2）会話の練習　おしゃべり好きになる言葉の教材（70 ～ 73 ページ）をご参照ください。
3）いま、困っていることに対する対応
　小学校卒業・中学入学という環境の変化とセレモニーに伴う返事や挨拶、自己紹介など、具体的な不安に対し、環境と本人の両方に向けて準備をします。
4）悩みの正体を知るワーク（悩みに取り組む言葉の教材 75 ～ 76 ページ）
　自身の悩みに向き合い客観的にとらえるためのワークです。ことばメジャーとこころメジャーで症状と気持ちを測り、それらを頭の中でごちゃごちゃにしない・吃音に対して主体的になる習慣づけをします。言葉について考えるワークで、言葉の構成要素を知り、流暢さはその中の一部だということを学びます。それらの作業を通して、将来にわたって、吃音があることに人生を支配されないスタンスがとれることを目指します。

(2) 悩みに取り組む言葉の教材

＊ことばメジャーとこころメジャー

自分の吃音と自分のこころの状態を、主体的に受け止めるワークです。

```
――――― ことばメジャー ―――――
┌─┐
│0│   0 … 吃音なし
├─┤
│1│   1 … ちょっとだけどもる。専門家にだけわかるくらい
├─┤
│2│   2 … ちょっとだけどもる。気づく人もいるかも
├─┤
│3│   3 … ときどきどもる。みんなが気づくくらい
├─┤
│4│   4 … いつもどもるけど、どんどん話せる
├─┤
│5│   5 … 4 と 6 の間
├─┤
│6│   6 … 体に力が入って苦しい。話は滞りがち
├─┤
│7│   7 … 6 と 8 の間
├─┤
│8│   8 … ものすごくひどい。苦しいし、話は進まない
├─┤
│9│   9 … 声が出ないくらい
└─┘
```

```
――――― ♡こころメジャー ―――――
┌─┐
│0│   0 … 吃音のことは全く忘れている
├─┤
│1│   1 … 0 と 2 の間
├─┤
│2│   2 … 吃音を気していないがたまに思い出す
├─┤
│3│   3 … 吃音のことが時々、気になる
├─┤
│4│   4 … 3 と 5 の間
├─┤
│5│   5 … 吃音を気にしているが、ゆううつではない
├─┤
│6│   6 … 5 と 7 の間
├─┤
│7│   7 … いつもゆううつで気が晴れない
├─┤
│8│   8 … 学校に行きたくない
├─┤
│9│   9 … 誰にも会いたくない
└─┘
```

方法

① その日の吃音の状態を「ことばメジャー」で、その日のこころの状態を「こころメジャー」で自己評価してもらう。また、このことばメジャー導入の日には、「このくらいだったら、まぁいいか」と思える当面の目標を決めてもらう。そこを目指して練習していくこととする。

② ノートを作ってメジャーを貼り、指導の日ごとに「ことばメジャー」「こころメジャー」で自己評価してもらう。悩みが深い場合は、毎日、宿題として「ことばメジャー」「こころメジャー」を記録してもらう。

「吃音」を見える化することで、「吃音」が、漠然とした怖いものとは少し違う、具体的で取り扱い可能なものに変化していきます。

また、子どもが先生に吃音に関する悩みを具体的に話すきっかけになります。

＊ことばのパフェ

　「そもそも言葉とは」を考えるワークです。言葉には多くの要素が含まれていますが、「吃音」に悩む子どもは、「吃音」＝「言葉」と捉えているかもしれません。「言葉」をパフェにたとえて、その土台となるものは何か、その重要な要素は何か、それを装飾する要素は何かなど、一緒に考えていきます。

　言葉の構成要素の一つ「流暢さ」に悩みがある子どもが、「吃音（非流暢さ）」だけではなく、「言葉」全体を知ることで、「ぼくは、スラスラさはあまりないけれど、人とつながりたい気持ちはたくさんもってるし、考える力とか言語力もある方だ。そう考えると、ぼくのことばのパフェって、けっこう大きいんじゃないかな」「スラスラに意地悪なことを言う人よりも、どもりながらやさしいことを言う人の方が、大きいパフェのはず」というように、より多面的で自由な感じ方で自身の吃音のことを捉えられるようになると考えます。

付箋

| 発音 |
| 声 |
| 話すスピード |
| スラスラさ（吃音） |
| 言語力 |
| 話したい気持ち
つながりたい気持ち |
| 考える力 |
| 表現力 |

方法：パフェの絵・付箋（言葉の構成要素を書く）

> 先　生：これは、ことばのパフェです。土台になるのは、何だと思う？
> 子ども：話したい気持ちかな。
> 先　生：そうかも。じゃぁ、この一番下のところに付箋を貼ってみてください。
> 以上の手続きを繰り返し、パフェを完成させる。用意した付箋以外の構成要素を子どもと一緒に考えるのも楽しい。

実践例①　シャイな子　小学 1 年生

　吃音の臨床で気付くのは、思いや考えが浮かんだ瞬間に何もかも一緒に口に出そうとする子どもたちがいる一方で、思いや考えが浮かんだときに、それが 100 ％正解だったら言えるけれども、少しでもハズレの要素が含まれているかもしれない場合はフリーズしてしまう子どもたちがいることです。

　今回は、後者の、自分の言葉に厳しい小学 1 年生の女児を紹介します。

年齢：小学 1 年生　女児

母より：自宅や親しい友だちとは、どもりながらも活発に話している。あまり知らない人から何か聞かれると固まり、挨拶や簡単な質問に答えられない。豊かな色彩で上手にお絵描きをしているのをみると、本当は、豊かな表現で色々伝えたいんだろうなって思う。

発吃：3 歳

家族歴：なし

家族：父（会社員）、母（主婦）、弟（幼稚園年中）、祖父母の 6 人家族

言語発達：言語やコミュニケーションの発達に特記事項なし

初回面談時の様子：誰もが一目で魅了されるほど美しいお子さんです。静かに入室し、筆者が名前や学校名を尋ねると、しっかり耳をすませばようやく聞こえる声で答えてくれました。「どんな遊びが好き？」「誰と学校に行ってるの？」といった問いには大きな瞳でじっとこちらの顔をみつめました。気軽にそんな質問をしてしまってごめんねと言いたくなりました。もしかしたら、好きな遊びは複数あるから、どれを言えばよいのかわからなかったのかもしれません。通学は、集団登校なので、誰のことを答えればいいのか迷ったのかもしれません。

症状：重症度　中等度（吃音検査法）　繰り返し・ブロック・随伴症状

みたてと方針：言語発達は良好で読み能力も高かったことから、スムーズに話す言葉のリズムが定着し、言葉選びに迷わなければ、吃音頻度は下がると仮定しました。方針は、吃音に対しては、音読や構造化された発話を促す課題でスムーズに読む・話す練習を行い、その後、自由度の高い発話へと段階的に発話の要求レベルを上げていくことと

しました。挨拶や簡単な質問に答えられないという保護者の気がかりに対しては、「もっと大きい声で」の声かけは使わないよう徹底してもらい、アイコンタクトやしぐさなど、声を使わない子どもの反応に丁寧に反応を返し、子どもの気持ちが伝わっていることを示してもらうようにしました。学校には、吃音と緊張の高さがある旨を伝え、発表は、音読や短い言葉で答えられる場合にだけあててもらうようお願いしました。声の小ささに対して「大きな声で言ってください」という声かけはせず、「聞こえたよ。前より大きくなったね」という声かけをお願いしました。

1）介入初期（3ヵ月間　計6回）

① 　ぬいぐるみを使った音読練習

② 　会話の練習　（言語発達を促す言葉の教材　連語ワークなど）

　毎回の指導の最初に、音読練習を行いました。ひらがな・カタカナの読み書きは小学校入学前から獲得していたので、スムーズに進みました。練習開始初日にぬいぐるみなしでスラスラに読むことができるようになりました。音読後は、連語ワークなど、構造化された課題を毎回少しずつ難易度が上がっていくように組み立てて実施しました。初めての課題ではいつも最初はブロックがでますが、答え方のモデルを示すとすぐに言えるようになりました。 回を追うごとに、声が大きくなってきました。

2）介入中期（3ヵ月間　計6回）

① 　ぬいぐるみを使った音読練習

② 　会話の練習（言語発達を促す言葉の教材　お話づくり　絵の説明　質問ゲームなど）

　筆者との短い会話や課題時の構造化された発話では吃音が出なくなりました。音読時の声は適切な大きさになり、どれだけ読んでもスムーズでした。会話練習は、初期よりも自由度の高い課題を中心に行いました。入室時は「こんにちは」と、ドアをあけて自分から挨拶し、終了時も「ありがとうございました」と、堂々と言えるようになりました。この時期のこちらからの質問「今日の給食は何だった？」には、じっとこちらを見つめるばかりでしたが、筆者が白紙に大きなお皿、お椀、小さなお皿　と絵を書くと、一つずつスムーズに答えてくれました。

3）介入後期（3ヵ月間　計 6 回）

会話の練習（すごろくや質問ブックなど　絵の手掛かりがない会話）

　絵を見て説明するような場面では吃音は出ませんが、絵の手掛かりがない非現前の質問に対しては、フリーズしたり、ブロックがでたりします。楽しいお題（「右どなりのひととゆうれいおどりをおどる」など）のあるすごろくや、ユニークな質問（「ザバーン‼ 海から何が出てきたと思う？」「宇宙人のおならってどんな音？」など）がある質問ブックを使って、自由度の高い会話の練習をしました。

　吃音は、ごく軽度（吃音検査法）になりました。課題場面では吃音は生じず、家族との自由会話場面で短いブロックがでる程度です。よく知らない相手からの本人にとって漠然とした質問に固まることは続いていますが、挨拶は、促さなくても立派にできるようになりました。

＊せなけいこ　おばけすごろく（せなけいこ絵／黒田薫構成、童心社）

方法

> すごろくに、子どもの発話レベルに合わせて　ともだちのなまえ 3 人おしえて　などのカードを置き、そこにとまった人がカードに書かれた質問に答える。床置きでアクティブに行うため、気持ちも自由になる。大人が真面目に頭にハンカチを乗せて座っていたり、ゆうれいおどりを踊るなどするところにも気持ちがほぐれる。

＊しつもんブック 100
(tupera tupera 作・絵、青山出版)

> 楽し気なイラストとともに、会話が盛り上がる様々なユニークな面白い質問が 100 個書いてある。ゲーム感覚で気軽に遊びながらコミュニケーションが取れる本。

⑦ 実践例②
側音化構音を合併する子　小学3年生

　吃音のある子どもの約30％に構音障害が合併するといわれています。吃音と構音障害を合併する子の場合「構音訓練をすることで吃音が悪化するのではないか」と迷うことがあります。様々な考えがあるかと思いますが、筆者は、（開始する時期にはある程度の条件があることを前提としたうえで）系統的な構音訓練は、指導者の音声モデルを繰り返し復唱するため、そのモデルをやわらかいゆっくりした発話にすることで、吃音の出にくい発話リズムが定着するのに役立つと考えています。構音が明瞭になると、当然、構音障害による聞き返しがなくなりますから、聞き返されたことによる言いにくさや、嫌な思いもなくなります。今回は、構音障害の中でも治りにくいとされる側音化構音を合併する男児について紹介します。

年齢：小学3年生　男児

母より：　幼児期から吃音があったが気にせず話していた。最近は、家では話してはいるが、学校ではあまり話していないようだ。音読が苦手で特にどもる。自宅で音読の宿題をするときも詰まるのでなかなか終わらない。将来が不安です。

発吃：3歳

家族歴：なし

家族：父（会社員）、母（会社員）、弟（保育園年長）、妹（保育園年少）

言語発達：特記事項なし

初回面談時の様子：好奇心にあふれたいたずらっぽい目であたりを見回しながら「こんにちは〜」と楽し気に入室。早口で筆者に色々質問してくれて、思わず「うふふ」と笑いたくなりました。吃音検査法も、その後の音読練習も、よろこんでやってくれました。「発表は？」にはどもりながら、「ぜ〜ったい、しない。めんどくさいもん」との返事でしたが、筆者には、「はいはいはいは〜い！」と手を挙げたいこの子の姿が見えるような気がしました。

症状：重症度　中等度（吃音検査法）　引き伸ばし・ブロック・随伴症状

構音障害：イ列に生じた側音化構音

みたてと方針：吃音に加え、側音化構音があることで発話がより不自然になっていまし

た。音読練習で吃音が出にくい発話のペースをつかんだ後に系統的構音訓練を行うことにしました。復唱で正しく発音できるようになった後は、課題を工夫して、吃音と構音の両方にアプローチする方針としました。

プログラム：2 週に 1 回、1 回 40 分から 60 分、般化期には間隔を開けていく。

1）介入初期（約 1 ヵ月間　計 3 回）
① 　ぬいぐるみを使った音読練習
② 　会話の練習　（単語・短文レベル）

　ぬいぐるみを使った音読練習は、すぐにコツをつかみ上手になりました。お母さんにも、やわらかい発声・ゆっくりした読み方をお教えし、子どもとお母さんと筆者の 3 人で交代読みを行いました。絵本を 1 冊読み終えるころにはぬいぐるみを消去して子どもだけで 1 ページ吃音なく読むことができました。お母さんと二人での音読練習を宿題としました。フルタイムで働くお母さんですが、驚くことに、毎朝欠かさず絵本や教科書の音読をしてくれました。1 ヵ月間で、音読ではどんなに速く、どんなに多く読んでも吃音はなくなりました。自由会話では、症状は変わらずありました。

2）介入中期（約 7 ヵ月間　計 9 回）
① 　会話の練習
② 　系統的構音訓練

　4 回目の練習の日、「今日、発表した！」という元気な声とともに勢いよくドアが開きました。学校で先生が「音読できる人」と言ったので、「待ってました！」という気持ちで手を挙げたそうです。系統的構音訓練にとりかかることにしました。側音化構音は、子どももお母さんも気付いていませんでしたが、鏡を見せて「シ」と言ってもらうと、その瞬間に顎が右にずれるのを見つけ、「わ、動く！」と子どもはゲラゲラ笑い、お母さんはびっくりされました。鏡を使って顎が動かないことを意識しながら、系統的構音訓練を行いました。一つの誤り音が短文復唱レベルで正しく言えるようになった段階で、その音（例えばシ）を使用して般化課題を実施しました。

＊構音訓練般化教材

◎お話づくり

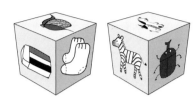

材料：「シ」が含まれる単語を貼ったサイコロ（主人公サイコロ＋事物サイコロ）

しばりカード（「ました。」「しました。」「しませんでした。」「かもしれない。」）

| ました。 |
| しました。 |
| しませんでした。 |
| かもしれない。 |

方法：サイコロをふり、出た絵としばりカードを使って、交代でお話を作る。

先生は、段階的に話す内容を長くしていき、モデルを示す。

例：「ウシは、トウモロコシを食べたかもしれない。」

　　「ウシは、トウモロコシを食べて、太ったかもしれない。」

　　「ウシは、こっそりトウモロコシを食べすぎて、おなかをこわして、病院に行って、注射をされたのかもしれない。」

　7ヵ月間で吃音は、中等度から、軽度、ごく軽度を経て正常範囲（吃音検査法）になりました。お母さんの言葉では、「ほとんど出ないけれども、1日に1回か2回、勢い余ってちょっと繰り返すことがあるかないか」でした。構音は、課題時は正しく言えますが自由会話で速く話そうとするとまだ歪みがありました。自宅では、注意しなくても正しい音で言えるようにわざと集中をそらした状況を作り、パズルなどをしながらの復唱練習、誤り音を含む単語のお話づくりなど、その時期に応じた宿題を提出しました。宿題は、毎朝欠かさず行われ、お母さんが作った素晴らしい教材が、どんどん増えました。子どもは、楽しいお話を考えだすのがますます上手になり、来院時の1時間の指導時間は、いつも笑いであふれました。

3）介入後期　般化期（5ヵ月間　計4回）

イ列音を使った会話練習

　吃音は正常範囲が維持され、側音化構音は、自由会話でほぼ正しく言えるが、スピードが速くなるとやや歪むという段階になりました。来院間隔を徐々に空けていくことに

しました。自宅では、自由会話時正しい音で言えたときに「今の“しました”きれいに言えたね」というように、1 日 10 回くらい、いろんな語のときを見つけて、子どもに伝えてもらうことをお願いしました。来院時は、速く言っても正しい音で言えることを目標に、競争の要素を入れた課題を実施しました。

＊見つけたカード

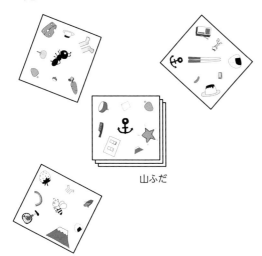

山ふだ

材料：誤り音を含む単語の絵が 8 個描いてある見つけたカード（自作）30 枚程度。
各カードには、必ず 1 個だけ共通する絵がある。
方法：プレイヤーに 1 枚ずつカードを配り、残りは山ふだとする。
山ふだと自分のカードに共通する絵を見つけ、一番早くその絵の名前を言った人が山ふだのカードをもらう。
山ふだのカードをもらった人は、今度はそれを自分の手ふだの上に置き、次の手ふだとする。それを繰り返して、一番カードを多く取った人が勝ち。

　苦手な音が含まれる絵を使った神経衰弱や見つけたカードなど、競争の要素を含む練習を行いながら来院間隔を空け、正しい構音の獲得と吃音のぶり返しがないことを確認して、終了しました。

⑧ 実践例③ 「はい」が言えなかった子　小学 6 年生

　自分に吃音があることを自然なこととして受け止めていても、思春期になると、何か一つのきっかけから、突然悩みに転じることがあります。6 年生の 2 月、卒業式の練習が始まる直前にお会いした女児を紹介します。

年齢：小学 6 年生　女児

母より：幼児期から吃音があったけれど特に困ったことはなかった。家族で吃音について話し合ったことはない。5年生の終わりごろから、夕方になると明日の学校のことを考えて泣くことが多くなり、心配している。

本人より：5年生のとき、健康観察で「はい」と言う際に、急に声が出なくなった。次の日もまた言えなかった。誰も何も言わなかったけど、「えっ？」って思われたと思う。もうすぐ卒業式の練習も始まるから、悲しくなる。

発吃：3歳

家族歴：父が吃音

家族：父（会社員）、母（主婦）、姉（中学3年生）

言語発達：特記事項なし

初回面談時の様子：すらりと伸びたしなやかな手足の女の子。質問にはしっかり目を見て、自分の言葉で答えてくれます。賢さと素直さがストレートに伝わりました。

症状：重症度　中等度から重度（吃音検査法）ブロック・随伴症状

みたてと方針：心と身体の発達に伴って吃音の悩みが顕在化し、症状を悪化させていました。目標は吃音が消えてしまうことではなく、『吃音で何一つ困らない』こととしました。意識的に「現在」と「未来」の両方に対して同時にアプローチする方針を立てました。「現在」に対しては、①担任の先生に理解と配慮をお願いする。②吃音に対する直接練習（「はい」の練習を中心に）を行う。「未来」に対しては、①自分の吃音の状態に客観的になる。②吃音は自分の一部だが、全てではないという認識を育てる。とし、以上を本人に説明しました。同時に将来の吃音の公表を想定して、気持ちの準備を進めることも視野に入れました。

1）積極的介入期（約2ヵ月間　週1回　計7回）

① ぬいぐるみを使った音読練習

② 「はい」の練習

③ 吃音ノート（ことばメジャー・こころメジャー・私のステキなところ・言葉でうれしかったこと・吃音の知識）の導入

　初回面談時に上記方針の説明、ぬいぐるみを使った音読練習を行いました。また、吃音ノートを作成し、ことばメジャー・こころメジャーで今の自分の状態を測ってもらいました。音読は、最初はぬいぐるみを使わずにやわらかい声だけでやってみましたが、うまくいきませんでした。ぬいぐるみを使うとすぐにコツがわかり、その日のうちにぬ

いぐるみなしで読めるようになりました。発声発語器官の絵を吃音ノートに記入し、ブロックのときには体のどのあたりがどうなるかなど尋ねながら、声や言葉を出す仕組みを説明しました。そしてブロック時、力が入る場所に力を入れる練習、力を抜く練習を行いました。

　「はい」は、ブロックになった体の状態を作った後に力を抜いてやわらかい発声で「はい」と言い始める練習を、何度も何度も行いました。宿題で、音読練習と吃音ノートの記入（ことばメジャーとこころメジャー、自分のステキなところを1日1個、言葉でうれしかったことを1日1個）を毎日行ってもらいました。練習を開始して3日目のページには、「言葉でうれしかったこと」の欄に、「健康観察で1～2秒かかったけれど、はいと言えた」と書いてありました。2回目以降は、卒業式の返事や呼びかけの練習を、本番と同じように動き、本番と同じ声の大きさで繰り返し練習しました。吃音ノートには、回を追うごとに「発表した」「友だちに電話をかけて誘った」という記載が増えました。卒業式は大満足で終えることができました。

2）入学応援期（約2ヵ月間　入学直前、入学後、GW後の計3回）

　重症度はごく軽度（吃音検査法）になりました。中学校あてに配慮をお願いする文書を作成しました。吃音の公表には抵抗があったため、そのメリットと方法だけを「今でなくてもよい」という表現で伝えました。入学後の吃音ノートには、「新しい友だちに自分から声をかけた」と書いてありました。GW明けも改善が維持され、元気に登校している様子が確認できたため、ここで終了としました。3年後、久しぶりにいただいたお手紙で希望する高校に合格し、自己紹介で吃音をカミングアウトしたことを教えてくれました。

巻末資料

今すぐ使えるワークシート

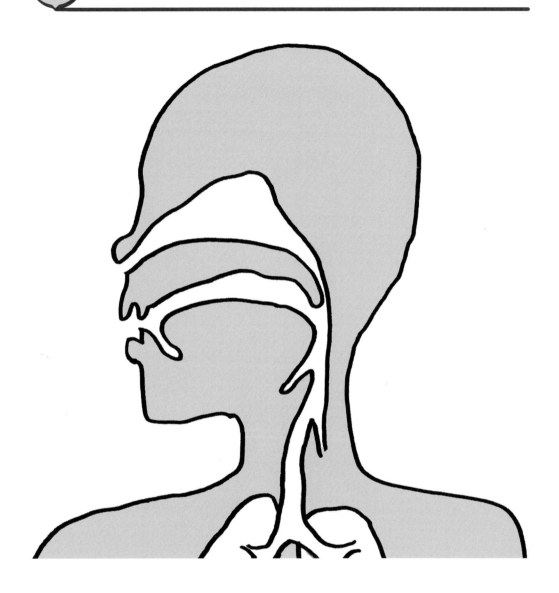

① くちびる、<ruby>鼻<rt>はな</rt></ruby>、<ruby>舌<rt>した</rt></ruby>、のど、<ruby>肺<rt>はい</rt></ruby>はどれでしょう？

② <ruby>吃音<rt>きつおん</rt></ruby>のとき、<ruby>苦<rt>くる</rt></ruby>しくなるのは、どこでしょう？

2 発話速度調節練習プリント
<small>はつわそくどちょうせつれんしゅう</small>

■次の文章を　　　分　　　秒〜　　　分　　　秒で読みましょう。
<small>つぎ　ぶんしょう　　　　　　ふん　　　びょう　　　　　　ふん　　　びょう　よ</small>

　　ある所に、ももこちゃんというとても小さな女の子がいました。ももこちゃんは、今日、保育園に行ってブロックで遊びました。それからお昼ごはんを食べて昼寝をしました。夕方になるとお母さんが迎えに来ました。大好きなお母さんを見つけると大急ぎでお母さんの所に行きました。その後、お母さんの自転車の後ろに乗って、お家まで帰りました。お家に帰ると、お父さんが夕ご飯を作って待っていました。夕ご飯を食べてからももこちゃんはお風呂に入り、パジャマに着替えて寝ました。

2モーラ／秒	→ 2分8〜10秒
3モーラ／秒	→ 1分28〜30秒
4モーラ／秒	→ 1分8〜10秒
5モーラ／秒	→ 56〜58秒

240モーラで構成されている文章です。文全体で8〜10秒程度のポーズがあると仮定すると、発話速度は左記の通りになります。厳密なものではなく、だいたいの目安としてご利用ください。

③ 言葉の記録表

話すたび どもる		よく どもる		たまに どもる		全くどもって いない		
6	5	4	3	2	1	0	月／日	吃音のことで気がついたこと（どんな場面なら楽に話せるか、どんな場面でどもりやすいか、随伴症状の有無など）
							／	
							／	
							／	
							／	
							／	
							／	
							／	
							／	
							／	
							／	
							／	
							／	
							／	
							／	
							／	
							／	
							／	
							／	

4 やわらかい声で言いかえよう（引き抜き法）

きつ音のとき

ことばをくりかえしたり、のばしたり、
つまらせたりする。

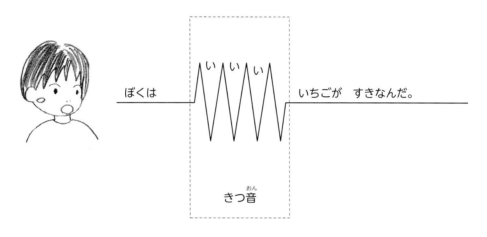

いいかえ

きつ音が出たら、やわらかく言いかえよう。

【やわらかい声のポイント】

・やわらかい声のときはすこしゆっくり、やさしく声を立ち上げよう。

・口や喉にはあまり力を入れずに、そっと言おう。

5 きつ音が出そうなときにやわらかい声で言いかえよう（準備的構え）

| きつ音のとき | ことばをくりかえしたり、のばしたり、つまらせたりする。 |

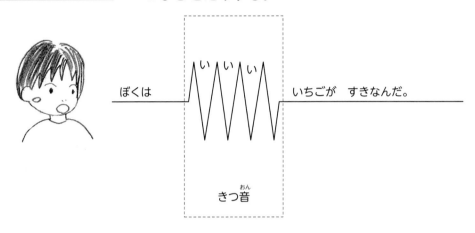

| いいかえ | きつ音が出そうなとき、やわらかく言いかえよう。 |

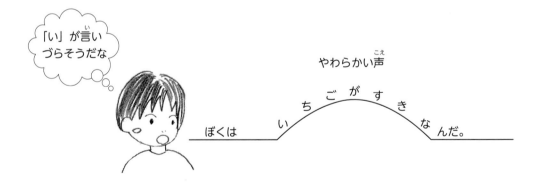

【やわらかい声のポイント】

・やわらかい声のときはすこしゆっくり、やさしく声を立ち上げよう。

・口や喉にはあまり力を入れずに、そっと言おう。

6 吃音のあるお子さんの保護者へ
（きつおん）

◆吃音とは

・吃音（きつおん）には言葉の最初の音を繰り返したり（お、お、お、おかあさん）、引き伸ばしたり（お〜かあさん）、つまらせたり（……おかあさん）する三つの症状があります。

・吃音の原因として、発話に関わる神経系の問題（本人が生まれもっている体質）が疑われています。養育者の育て方やしつけ、叱責は吃音の原因ではありません。

・不安やストレスは吃音の原因ではありません。ただし、発話することへの不安やストレスは悪化要因（より悪くする要因）になることがあります。

・吃音は2〜3歳ごろに始まり、多くは3年以内に自然に治癒します。吃音が始まってから5年を超えて吃音のある状態が続くと、生涯にわたって吃音のある状態が永続する可能性が高いです。

・吃音があると、からかいを受けるリスクが非常に高まります。からかいや指摘を受けることに悩むお子さんも少なくありません。

・吃音症状の程度は様々で、非常に吃音の生じやすい児童もいれば、吃音がほとんど出ない児童もいます。

・吃音への悩みの程度も個人差が大きいです。ただし、必ずしも吃音の重症度が高いほど吃音の悩みが大きい訳ではありません。軽度の吃音であっても、悩みを深める児童もおり、注意が必要です。

・吃音への悩みを深めると、吃音が出そうな場面や言葉を回避することが増えてしまいがちです。場合によっては、不登校などの問題につながることもあります。

・吃音症状には波（時期によって吃音が多く生じたり全然生じなかったりする現象）があります。

・吃音は斉唱や斉読（一緒に声を出す）では生じません。

◆吃音のあるお子さんが悩みやすい場面（主に学校で）

　日直、授業中の音読・発表場面、学芸会や二分の一成人式、卒業式など一人で声を出して発表する機会の多い行事　九九の暗唱　自己紹介など　（個人差があります）

◆保護者ができること

① 吃音のことを気軽に話せる家庭環境を作ってください。

　吃音のことで困ったときに、お子さんが一番相談できる人はご家族やご親族です。お子さんが困ったときに相談できるよう、普段から吃音のことを取り上げ、吃音のことを気軽に話せる環境作りをしてください。ただ、必ず「吃音のことを話さなければならない！」のではありません。吃音を話題にすることを嫌がるお子さんに対して、無理矢理聞き出したりする必要はありません。肩の力を抜いて、お子さんに接してあげてください。

② 「ゆっくり話して」「もう一度言って」など、話し方への注意はしないでください。

　話し方への注意は逆効果です。なぜなら、こういった声かけには、暗に"どもってはいけない"という意味合いが含まれているからです。また、声掛けは効果がないことが多く、逆にお子さんのプレッシャーになってしまうことがあります。

③ 「〇〇って何で変な話し方なの？」などと他のお子さんに聞かれたときは、ごまかさず、吃音のことを伝えてください。

　低学年のお子さんほど、悪意なく担任の先生や周囲の大人に尋ねてきます。ごまかすのではなく、「しゃべり方の癖みたいなものなんだ」「わざとやっている訳ではないから、からかったりしないでね」などと伝えてあげてください。

④ 「吃音が出なかった」ことではなく、発表の内容が良かったことを褒めてください。

　吃音に悩むお子さんの中には「吃音が出ること」＝「だめなこと」、「吃音が出ないこと」＝「良いこと」と考えてしまう児童もいます。お子さんの評価基準が"吃音が出たかどうか"だけにならないように、保護者の方は日頃から、吃音が出たかどうかではなく、"発表の内容が良かったかどうか"を評価の基準にし褒めてください。

7 保護者や担任からよくある質問と返答のポイント

質問1　吃音は治りますか？

　多くは発吃3年以内に自然に治りますが、3年を超えると治癒率は著しく下がり、5年以上で自然治癒した児はいなかったという研究結果があります（Yairi & Ambrose, 2005）。吃音は2〜3歳ごろに始まりますので、それを踏まえると8歳以上の児童は吃音がゼロにはならない可能性が高いと考えられます。保護者に対しては単に「治りません」と伝えるのではなく、上記の研究結果をもとに丁寧に説明しましょう。

質問2　吃音が治らないとしたら、ことばの教室では何をするのですか？

　吃音が治らなくともできることはたくさんあることを丁寧に伝えましょう。低学年の場合は、吃音をゼロにできなくとも、流暢性形成法やスペシャルタイムを実施し症状を緩和できる（吃音頻度を減らせる）場合があります。また、中、高学年の場合は、吃音症状を一時的に緩和する話し方を習得できます。

　加えて、吃音で困らないようにするための環境調整やコーピングスキルを学べることを伝えましょう。具体的には、吃音へのからかいが生じない環境にすることや「なんでそんな話し方なの？」と聞かれたりしたときに児童が対応できるようにすることなどが挙げられます。

質問3　吃音の原因は何ですか？

　かつては「吃音の原因は不明である」と言う専門家が多かったのですが、近年、研究が進み、原因がかなりわかってきました。吃音の原因は、脳機能など生まれもってきた体質によるところが多く、親の育て方やしつけの問題や過保護、虐待などの問題ではありません。その旨を伝えましょう。

質問4　下の子が生まれたころに吃音が始まりました。関係はありますか？

　関係がないことを伝えましょう。吃音は多くは2〜3歳頃に始まり、2〜3歳差の兄弟は少なくないため、たまたま時期が一致しただけです。もし年下の兄弟の出生が吃音と関連しているなら、一人っ子政策を実施した中国での吃音の発症率は低いはずですが、そのような事実はありません。

質問5　吃音の話は子どもとはしない方がよいですか？

　吃音のある子どもの多くは幼児期にはすでに自分の吃音に気付いています。そのため、大人が吃音の話を意図的に避けようとすると、「吃音」＝「話してはいけないこと」と子どもが思い込んでしまう可能性があります。逆に、吃音のことを普段の会話の中で触れておくと、子どもが吃音で困ったときに保護者に援助要請を求めやすくなります。保護者には以上のことを伝え、吃音の話を子どもと保護者とで気軽にできるように促しましょう。

質問6　宿題の音読で言葉が出ず困っています。どうすればよいですか？

　他の人と一緒に読むと吃音症状がほとんど出ません。それを活用するとよいでしょう。

質問7　算数の計算テスト（九九など）を制限時間で言えず困っています。どうすればよいですか？

　二つの解決の方法があります。児童の実態に合わせてアドバイスしましょう。一つは、学級担任に制限時間をなくしてもらい、正確に言えれば合格してもらうよう依頼することです。また、もし児童がすでにやわらかい声（流暢な発話スキル）を使えるのであれば、それを使ってテストを受けてもらうという手もあります。やわらかい声では発話速度を落としますが、吃音がほとんど出ないため、制限時間内に合格できることがあります。

質問8　吃音のある子どもとの接し方にポイントはありますか？

　吃音が出ても、言葉の先取りをせず、最後まで話を聞くようにすること、吃音は不安や緊張によるものではないため「リラックスして」「落ち着いて」といった声掛けはしないようにすることを伝えましょう。

質問9　吃音のある子どもには叱らない方がよいですか？

　叱ると吃音になる、吃音が悪化するということはないので、その旨を伝えましょう。子育てやしつけについては、吃音のないお子さんと同様の方法で問題ありません。

質問10　話すことに自信を失わないようにするには、どうすればよいですか？

　吃音のある子どもたちは、年齢が上がるにつれて、発表の内容が良かったかどうかよりも、どもらなかったかどうかに強く意識が向いてしまいます。そうならないような声掛けを周囲が普段から行っていくことが大切です。家庭でも学校でも「スムーズに話せたかどうか」ではなく、「内容が良かったかどうか」を評価の軸にし、もし吃音が出ていても、内容が良かったときには、そのことを評価するように伝えましょう。

質問 11　母音（あいうえお）で始まる言葉は吃音が生じやすいのですか？

　母音が吃音の生じやすい音ではないことを伝えましょう。そのことを示す、小学生の吃音児を対象とした研究が複数報告されています（島守・伊藤，2010；髙橋，2021）。ただし、実際には母音でどもりやすいと考える吃音児は少なくありません。日本語には母音で始まる言葉が多く、それに伴って吃音の生じる機会が多いことから、母音が言いにくいと感じやすいようです（髙橋，2021）。実際、「おはよう」「いってきます」「ありがとう」など会話でよく使う言葉も母音で始まるものが多いです。

質問 12　クラスで吃音を真似されると子どもから聞きました。どうすればよいですか？（保護者からの質問）

　担当者が本人からの話を聞き取り、その上で、担任と一緒に対応を考える旨を保護者に伝えましょう。対応の方法としては、担任からクラスメートに吃音の話をしてもらったり、担当者自身がクラスに赴き吃音理解授業をしたりすることなどが考えられます。真似をした児童だけでなく、クラス全体に吃音に対する正しい知識を伝え、吃音の真似やからかいを防ぐ取り組みが大切です。

質問 13　もし吃音へのからかいを見つけたときはどのように対応すればよいですか？（担任からの質問）。

　基本的には他の種類のからかい（容姿に対するからかいなど）と同じように対応して問題ありません。その旨を伝えてください。

質問 14　「なんでそんな話し方なの？」と周囲の子どもから聞かれたら、どうすればよいですか？（担任、保護者からの質問）。

　年少の子どもほど「なんでそんな話し方なの」と悪気なく聞いてくることがあります。その時は吃音のことを隠さずに「〇〇さんの話し方の癖なんだ」などと伝えて問題ないことを伝えましょう。

8 **吃音のある児童の担任の先生へ**

◆吃音とは

- 吃音（きつおん）とは言葉の最初の音を繰り返したり（お、お、お、おかあさん）、引き伸ばしたり（お〜かあさん）、 つまらせたり（……おかあさん）する症状を呈する発話障害です。

- 吃音の原因として、発話に関わる神経系の問題（本人が生まれもっている体質）が疑われています。養育者の育て方やしつけ、叱責は吃音の原因ではありません。

- 不安やストレスは吃音の原因ではありません。ただし、発話することへの不安やストレスは悪化要因（より悪くする要因）になることがあります。

- 吃音は 2 〜 3 歳ごろに始まり、多くは 3 年以内に自然に治癒します。吃音が始まってから 5 年を超えて吃音のある状態が続くと、生涯にわたって吃音のある状態が永続する可能性が高いです。

- 吃音があると、からかいを受けるリスクが非常に高まります。からかいや指摘を受けることに悩むお子さんも少なくありません。

- 吃音症状の程度は様々で、非常に吃音の生じやすい児童もいれば、吃音がほとんど出ない児童もいます。

- 吃音への悩みの程度も個人差が大きいです。ただし、必ずしも吃音の重症度が高いほど吃音の悩みが大きい訳ではありません。軽度の吃音であっても、悩みを深める児童もおり、注意が必要です。

- 吃音への悩みを深めると、吃音が出そうな場面や言葉を回避することが増えてしまいがちです。場合によっては、不登校などの問題につながることもあります。

- 吃音症状には波（時期によって吃音が多く生じたり全然生じなかったりする現象）があります。

- 吃音は斉唱や斉読（一緒に声を出す）では生じません。

◆**吃音のある児童が悩みやすい場面**

　日直、授業中の音読・発表場面、学芸会や二分の一成人式、卒業式など一人で声を出して発表する機会の多い行事　九九の暗唱　自己紹介など　（個人差があります）

◆担任ができること

① **周囲からからかいを受けない環境作りをしてください。**

　周囲の児童が話し方を真似したり、からかっていたりするところを見たときには、他のからかいを注意するのと同じように注意してください。また、本人や保護者の同意が得られるのであれば、あらかじめ吃音のことを他のクラスメートに伝えておくのも効果的です。

② **話し方のアドバイスはしない方がよいです。**

　「ゆっくり話して」「深呼吸して」「リラックスして」「整理してから話すようにしよう」などと話し方についてアドバイスをする必要はありません。効果のないことが多く、「どもらずに話さないといけない」という意識を高め、プレッシャーになってしまうことがあります。

③ **「〇〇は何で変な話し方なの？」と他の児童に聞かれたときは、ごまかさず吃音のことを伝えましょう。**

　低学年の児童ほど、悪意なく担任の先生に尋ねてきます。ごまかすのではなく、「しゃべり方の癖みたいなものなんだ」「わざとやっている訳ではないから、からかったりしないでね」と伝えてください。

④ **音読や発表については一度、本人に確認し、その上で児童の実態に応じた配慮をお願いします。**

　吃音のある児童の中には音読や発表に苦手意識をもったり不安を感じたりする子がいます。一度、本人に配慮が必要かどうかを確認していただければと思います。なお、音読や発表を嫌がる様子がある場合には周囲の人と一緒に声を出して読む方法を用いるのも効果的です（一緒に声を出せば、吃音はほぼ出ません）。

⑤ **「吃音が出なかった」ことではなく、発表の内容が良かったことを褒めてください。**

　吃音に悩む児童の中には「吃音が出ること」＝「だめなこと」、「吃音が出ないこと」＝「良いこと」と考えてしまう児童もいます。児童の評価基準が"吃音が出たかどうか"だけにならないように、担任の先生は吃音が出たかどうかを評価基準にするのではなく、"発表の内容が良かったかどうか"を評価の基準として褒めてください。また、授業中に発言することや発表することが楽しいと思えるようにご配慮ください。

⑥ **吃音で困っていることがないかを定期的に確認してください。**

　吃音のことを児童と話すのは問題ありません。むしろ普段から吃音の話をしておくと、児童が困ったときに援助要請をしやすくなります。定期的に吃音で困っていることがないかを確認するようお願いします。

9 学級担任からの聞き取りシート

学級担任からの聞き取りシート 記入例

児童氏名	Aさん	学校名	C 小学校 2 年 1 組
担任氏名	B先生	日　付	令和3年5月1日

★吃音について

吃音症状評定　（　0　1　2　3　④　5　6　）
吃音症状　（　(くりかえし)　ひきのばし　(ブロック)　）
随伴症状　（　なし　(時折)　頻繁　）※手を上下に動かす
回避行動　（　(なし)　時折　頻繁　）
現在の吃音へのからかい　（　なし　(時折)　頻繁　）
以前の吃音へのからかい　（　なかった　(あった)　）

0…全くどもっていない
1…0と2の間
2…たまにどもる
3…2と4の間
4…よくどもる
5…4と6の間
6…話すたびにどもる

★吃音について特記事項

> 昨年、放課後にクラスメートから吃音の真似やからかいがあり、本人から担任へ相談があった。吃音を気にしているのか、クラスでの発言は少ない。

★学習面、対人コミュニケーションについて（吃音に限らず）

> 読み書きが少し苦手で、クラスでフォロー中。
> 仲の良い友だちがいる。中休みはよく一緒に遊ぶ様子が見られる。

★その他（吃音に限らず）

> 保護者がAさんの吃音をすごく心配している。丁寧な説明と対応が必要。

★学級担任へ説明すること、共通理解を図っておくこと等(必要なことがあれば適宜追加)

☑吃音に関する基礎的なの説明、クラスでの配慮のお願い　※プリントで説明した
☑吃音理解授業の実施について　☑九九の学習の対応についてのお願い

学級担任からの聞き取りシート

児童氏名		学校名	小学校　　　年　　　組
担任氏名		日　付	

★吃音について

吃音症状評定　（　0　1　2　3　4　5　6　）

吃音症状　（　くりかえし　ひきのばし　ブロック　）

随伴症状　（　なし　時折　頻繁　）

回避行動　（　なし　時折　頻繁　）

現在の吃音へのからかい　（　なし　時折　頻繁　）

以前の吃音へのからかい　（　なかった　あった　）

0…全くどもっていない
1…0と2の間
2…たまにどもる
3…2と4の間
4…よくどもる
5…4と6の間
6…話すたびにどもる

★吃音について特記事項

　

★学習面、対人コミュニケーションについて（吃音に限らず）

　

★その他（吃音に限らず）

　

★学級担任へ説明すること、共通理解を図っておくこと等(必要なことがあれば適宜追加)

　□　吃音に関する基礎的なの説明、クラスでの配慮のお願い
　□　　　　　　　　　　　　　　□

10 吃音のある児童が学校で困りやすいこと、その対応例

★ 日直

・号令や健康観察での呼名に不安を感じる場合には、他の児童と一緒に声を出す形式にする。

★ 九九（足し算・引き算の計算カード）の暗唱テスト

・テストでは制限時間をなくし、正しく言えればよいことにする。もしくは、制限時間は残すが、九九表に書き込むなど、暗唱以外のやり方に変更する。
・九九の学習の際には九九歌を活用する（YouTube で多数、公開されている）。
・本人が周囲と違う配慮を望まず、ことばの教室でやわらかい声の指導を受けているのであれば、やわらかい声を使って、暗唱のテストをしてもらう。

★ クラスでの音読、発表場面

・クラス全員（もしくは、班や列など）で一緒に読む形式にする。
・音読の順番や当て方については、事前に児童と話し合っておく。

★ 学芸会や学習発表会の劇

・どうしても言えないセリフがあり、本人が困っている場合には、本人と相談の上、本人が言いやすいようにセリフを修正したり、他の人と一緒に言うセリフにしたりする。
・複数のセリフを用意し、そのときに言いやすいセリフで言ってよいことにする（中〜高学年向け）。
・本人と保護者の同意を得た上で、配役を決めるオーディションの前に周囲に吃音のことを知らせておく。

★ 委員会活動（特に放送委員会）や委員会発表、二分の一成人式など発表を伴う行事

・「噛まないこと」を発表や委員会活動のめあてに含めないようにする。

上記の対応はあくまでも一例にすぎません。児童のニーズに合わせて実施してください。

担任の先生へ　クラスに周知してほしいこと

＿＿＿＿＿＿＿＿＿＿小学校

＿＿年＿＿組＿＿＿＿＿＿先生

　日頃よりお世話になっております。＿＿＿＿＿＿さんの吃音について、クラス全体に周知していただく際の参考資料をお送りいたします。内容はクラスの実態に合わせて修正していただいて構いません。5分程度で周知の程、よろしくお願いいたします。なお、周知につきましては保護者の許可を得ております。

【クラスへ周知してほしいこと】

◆　＿＿＿＿＿＿＿＿さんには吃音（言葉が詰まったり繰り返してしまったりする症状）があること。

◆　吃音はわざとではなく、ついなってしまう「話し方の癖」のようなものであること。

◆　吃音は緊張しているからではないため、「落ち着いて話して」とは言わないこと。

◆　言葉が詰まっても最後まで話を聞くこと。

◆　からかいや真似は絶対にしないこと。

◆　＿＿曜日の＿＿＿＿＿＿時間目に＿＿＿＿＿＿＿＿小学校で吃音の勉強していること。

　　　　　　　　　　　　　　　以上、よろしくお願いいたします。

12 きつおんマスタープリント（低学年用）

(1) きつおんって　なに？

　きつおんは　ことばを　くりかえしたり、のばしたり、つまらせたり　する　ことです。　きつおんの　ことを　「どもり」、きつおんが　でる　ことを　「どもる」　と　いう　ひとも　います。　きつおんには　三つの　しゅるいが　あります。

〈きつおんの　三つの　しゅるい〉

①　くりかえし　（お、お、お、お、おかあさん）

②　ひきのばし　（お〜〜〜かあさん）

③　ブロック　（………おかあさん）

あなたの　きつおんは　どれかな？　まるを　しよう。

　くりかえし　　　ひきのばし　　　ブロック

---

(2) きつおんの　ある　ひとは　どれぐらい　いるの？

　きつおんの　ある　ひとは、100にんに　ひとり　います。　あなたの　がっこうには 　　　　　 にんのひとが　かよって　いる　ので、きつおんの　ある　ひとは 　　　　　 ぐらい　いる　かも　しれません。

104

（3）きつおんが　あるのは　こどもだけ？

　きつおんの　ある　ひとは　こどもだけ　では　ありません。　きつおんの　ある　おとなの　ひとも　います。　あなたは　きつおんの　ある　おとなの　ひとに　あった　ことが　ありますか？

（4）なんで、きつおんが　でちゃうの？

　きつおんの　げんいんは、せかいじゅうの　けんきゅうしゃが　けんきゅうを　しています。　はっきりと　わかっていませんが、　おとうさんや　おかあさんの　せいでは　ありません。　また、　あなたが　なまけているから　でも　ない　ことが　わかっています。

(5) しょうらいの　しごとの　はなし

　きつおんが　あっても、しょうらい　いろいろな　しごとに　つくことが
できます。　あなたの　しょうらい　つきたい　しごとは　なんですか？

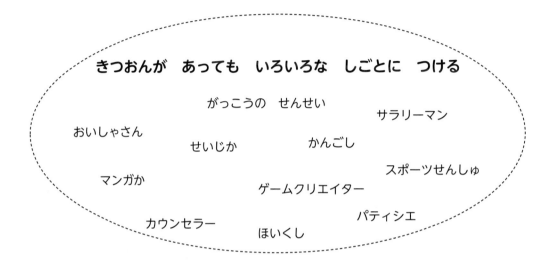

きつおんが　あっても　いろいろな　しごとに　つける

がっこうの　せんせい

サラリーマン

おいしゃさん

せいじか　　　　　　　かんごし

スポーツせんしゅ

マンガか　　　　　　ゲームクリエイター

カウンセラー　　　ほいくし　　　　パティシエ

(6) きつおんは、どんなとき　でにくいのかな？

こんなとき、きつおんが　でにくいです。

うたう

いっしょに
こえをだしてはっぴょう

せーの
ありがとう
ございました

(7) きを　つける　ことと　どもりにくい　はなしかた

　きつおんで　ことばが　でない　ときに、　あたまや　うで、あしを　うごかして、　そのはずみで　むりやり　ことばを　いおうと　する　ひとが　います。　たしかに、　ことばが　でる　ときも　ありますが、　いみの　ない　ときの　ほうが　おおいので、　しない　ほうが　よいです。

　きつおんで　ことばが　でない　ときには、「むりやり」では　なく「そっと」「やさしく」「すこし　ゆっくり」　いうと　よい　ですよ。

(8)こまったら、　おうちの　ひとや　せんせいに　そうだん　しよう。

　これで　きつおんの　おはなしは　おしまいです。すこしは　きつおんの　こと　わかったかな？

　さいごに、　たいせつな　こと。　きつおんが　ある　ことは、わるいこと　では　ありません。　なので、　もし　きつおん　の　ことで　こまった　ことが　あったら、　おうちの　ひとや、　たんにんの　せんせいにそうだん　しましょう。　そうすれば、　あなたが　こまって　いる　ことも、きっと　かいけつ　しますよ。

13 吃音マスタープリント（中・高学年用）

(1) 吃音ってなに？

　吃音はことばをくりかえしたり、のばしたり、つまらせたりする症状です。吃音のことを「どもり」、吃音が出ることを「どもる」と言う人もいます。

　吃音には三つの種類があります。症状は、人によって違い、くりかえしだけの人もいれば、3種類ともある人もいます。

【吃音の症状】

① くりかえし

　「お母さん」と言いたいのに、「お、お、お母さん」になっちゃう。

② ひきのばし

　「お母さん」と言いたいのに、「お〜母さん」になっちゃう。

③ つまり（ブロック）

　「お母さん」と言いたいのに、声が出なくて「………お母さん」になっちゃう。

あなたの吃音はどれかな？　書いてみよう！

（2）吃音のある人は、どれぐらいいるの？

　吃音のある人は、だいたい 百 人に一人ぐらいいます。そして、日本には吃音のある人が 百 二 十 万人もいると 考 えられています。もちろん、吃音のある 小 学生もいれば、吃音のある大人の人もいます。

（3）なんで、吃音が出ちゃうの？

　吃音の原因はしっかりとはわかってはいませんが、生まれもった体質によるところが大きいようです。少なくとも、お父さんやお母さんのせいではありません。また、あなたがなまけているからでもありません。

　今、世界 中 でたくさん、吃音の研 究 が 行 われているので、もしかしたら、あなたが大きくなったころには吃音の原因が今よりもはっきりとわかるかもしれませんよ。

（4）吃音のある人は日本にしかいないの？

　吃音のある人は世界 中 にいると言われています。アメリカの住んでいる吃音の人もいますし、 中 国に住んでいる吃音の人もいます。

（5）吃音のあるアメリカ大統 領 の話

　アメリカの大統 領 であるジョー・バイデンさんにも吃音があります。バイデン大統 領 は、2020 年のアメリカの大統 領 選挙でトランプ前大統 領 と 争 ったことで大きな話題になりました。バイデン大統 領 は今でも、国民に向けたスピーチのときにどもることがあります。

(6) 吃音があっても、大人になったときに仕事はできますか？

　もちろん、吃音があっても、様々な仕事に就くことができます。あなたは将来なりたい職業はありますか？

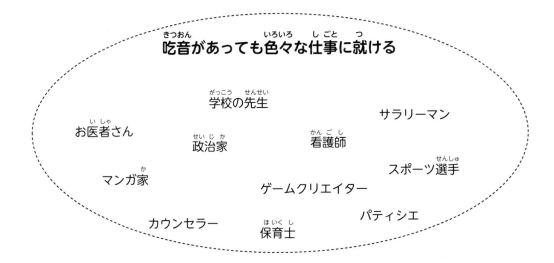

吃音があっても色々な仕事に就ける

学校の先生
サラリーマン
お医者さん
政治家
看護師
スポーツ選手
マンガ家
ゲームクリエイター
カウンセラー
保育士
パティシエ

(7) 「あいうえお」で始まる言葉は、どもりやすいのですか？

　吃音のある人の中には、「"あいうえお"で始まる言葉でどもりやすい！」「"あいうえお"の言葉が苦手」という人がいます。しかし、最近の研究によると、「あいうえお」で始まる言葉が特別、どもりやすいわけではないことが明らかになっています。

　日本語には「あいうえお」で始まる言葉がたくさんあります。「ありがとう」「いただきます」「いってきます」「おはよう」などのあいさつも「あいうえお」で始まります。「あいうえお」で始まる言葉を言う機会は多いので、吃音が出やすいと思ってしまうのかもしれませんね。

（8）どんなとき、どもりにくいですか？

一緒に声を出したりするときは吃音が出ません。なので、日直の号令で吃音が出て困るときには、先生に相談して、もう一人の日直の人と一緒に言ってもよいでしょう。

せーの
これで三時間目の授業を終わります。

一緒に声を出すと、どもらない

こんなときに使えるよ！

「日直の号令で吃音が出て困る」

→先生と相談して、もう一人の日直の人と二人で言う。

「音読の宿題で吃音が出て、時間がすごくかかって困る」

→お家の人と一緒に音読する。

「劇のセリフがどうしても言えない」

→先生と相談して、他の人と一緒に言うセリフに変えてもらう。

「委員会発表や行事のセリフが言えない」

→友達や先生などと相談して、他の人と一緒に言う形にする。

(9) 「弾みをつけて」ではなく、「そっと」「やさしく」「すこしゆっくり」言おう

吃音のある人の中には、声をむりやり出そうとするあまり、頭を前後に動かしたり腕を上下に振ったり、足踏みをしたりして、その弾みで言おうとする人がいます、たしかに、言葉が出るときもありますが、あまり意味のないときの方が多いです。

吃音で言葉が出ないときには、「むりやり」ではなく、「そっと」「やさしく」「すこしゆっくり」言うとよいですよ。

(10) 吃音は悪いことなの？

吃音のある人の中には、吃音のことをからかわれたときに「どもる自分が悪いんだ」「ちゃんと話せるようにならないといけない」と、吃音がある自分を悪いと思う人がいます。しかし、悪いのは吃音のことをからかう人の方です。どもって話すこと自体がダメというわけでは、決してありません。

(11) 吃音のことは一人で抱え込まないで。あなたは一人じゃない。

これで、吃音のお話はおしまいです。少しは吃音のこと、わかったかな？

吃音について知っておくことは、吃音と上手につき合っていく上でとても大切です。このプリントで学んだことを、忘れないようにしましょう。

最後に一番大切なこと。吃音のことは一人で抱え込まないでください。あなたは一人ではありません。困ったら、友達や家族、先生など、あなたが相談しやすい人にすぐに相談しましょう。きっとあなたの話をしっかりと聞いてくれますよ。

こんなときどうする？①
――きつ音のことを聞かれたとき

ゆうすけ君には、こうた君という仲の良い友達がいます。

今日、こうた君がゆうすけ君に、こんなことを言いました。

「ゆうすけ君って、時々言葉がつまるよね。それ、何なの？

なんで、そうなるの？」

ゆうすけ君は、何も言えずだまってしまいました。

---

① あなただったら、どうしますか。

（　　）　ゆうすけ君と同じように何も言わない。

（　　）　静かに逃げる。

（　　）　こうた君のことを怒る。

（　　）　きつ音のことを説明する。

② それはなぜですか？ 理由を書きましょう。

```



```

③ もし、あなたがきつ音のことを説明するなら、何と言いますか。書いてみましょう。

```



```

こんなときどうする？②
──からかわれたとき

　　ある日の休み時間、ゆうすけ君は友達に「遊ぼう」と声をか

けました。そのとき、ゆうすけ君は「あ、あ、あ、遊ぼう」と

言葉をくり返してしまいました。そうしたら友達が「あ、あ、

遊ぼうだって。へ、へ、へんなの」と人をばかにした口調

で、きつ音をまねしてきました。ゆうすけ君は悲しい気持ちに

なりましたが、何も言えませんでした。

---

① 　あなただったら、どうしますか。

（　　） ゆうすけ君と同じように何も言わない。

（　　） 静かに逃げる。

（　　） 先生に相談する。

（　　） 「そういうこと言わないで」と言う。

（　　） その他 [　　　　　　　　　　　　　　　　　　　　　　]

② それはなぜですか？　理由を書きましょう。

③ もし、あなたがきつ音のことを先生に相談するなら、何と言いますか。書いてみましょう。

こんなときどうする？③ ——計算テストのとき

今、学校では算数の計算テストをしています。1分以内に10個の問題の答えを言わなければいけません。テストはひとりずつ先生の前でやります。ゆうすけ君は家で練習してきたので、すぐに合格できると思っていました。しかし、先生の前では言葉がつまり、毎日、何度挑戦しても合格できませんでした。合格できなかったので、ついに今日は居残りのテストになってしまいました。

① あなただったら、どうしますか。

（　　）合格するまで何度もやりつづける。

（　　）居残りせず、家に帰る。

（　　）先生に相談する。

（　　）その他〔　　　　　　　　　　　　　　　〕

② それはなぜですか？　理由を書きましょう。

③ もし、あなたがきつ音のことを先生に相談するなら、何と言いますか。書いてみましょう。

こんなときどうする？④
──音読の宿題のとき

クラスでは毎日、音読の宿題があります。国語の教科書を5ページ、家で毎日音読するのですが、ゆうすけ君は言葉がつまってしまいます。ゆうすけ君ははやく音読の宿題を終わらせたいのですが、なかなか終わらせることができず、困っています。

① あなただったら、どうしますか。

（　　）　時間はかかるが、普通に読む。

（　　）　お家の人と一緒に声を出して読む。

（　　）　その他 ［　　　　　　　　　　　　　　　　　　　　］

② それはなぜですか？　理由りゆうを書かきましょう。

③ ①以外いがいの方法ほうほうがあったら、書かきましょう。

こんなときどうする？⑤
──担任の先生が代わったとき

四月に入り、新しい先生が担任になりました。担任の先生は今年、新しくこの学校に来た上田先生です。上田先生はとても優しいので、ゆうすけ君はとても安心しました。しかし、上田先生は学校の先生になったばかりで、きつ音のことはよく知りません。去年までの先生はきつ音を知っていたので、言葉を詰まらせても、特に何も言いませんでした。しかし、上田先生は「落ち着いて」「リラックスしてお話ししよう」と言ってきます。ゆうすけ君は困ってしまいました。

① あなただったら、どうしますか。

（　　）上田先生にきつ音のことを伝える。

（　　）上田先生には特に何も言わない。

（　　）家族に相談する。

② それはなぜですか？ 理由を書きましょう。

```



```

③ もし、あなたが上田先生にきつ音のことを伝えるなら、いつ、
　どこで、何と言いますか。書いてみましょう。

いつ？	どこで？
何と言う？	

こんなときどうする？⑥
——きつ音について伝えるとき

> ゆうすけ君は授業中の班の話し合い活動のときに言葉がつまります。その度に「かまずに話してよ」と同じ班の人に言われ、嫌な気持ちになりました。班が変わっても、他の人が言ってきます。
>
> ある日、ゆうすけ君はそのことを担任の上田先生に相談しました。そうしたら先生は「みんなの前できつ音のことを説明したら？」と言ってくれました。ゆうすけ君は「なるほど」と思い、クラスの帰りの会のときにきつ音のことを伝える決心をしました。

① あなたはクラス全体にきつ音について話したことはありますか？

（　　）クラス全体に話したことがある。

（　　）話してみたいけど、難しい。

（　　）きつ音を知られたくないから言わない。

② クラスの人に伝えると、どんな良いことがありますか？　書いてみましょう。

```
```

③ クラスの人に伝えると、どんな悪いことがありますか？　書いてみましょう。

```
```

④ きつ音のことをクラスの人に伝えるとしたら、何を言いますか。二つ書きましょう。

```
```

**こんなときどうする？プリント
（回答例と指導のポイント）**

【こんなときどうする？①】（113〜114ページ）

① **あなただったら、どうしますか。**

「きつ音のことを説明する」

② **それはなぜですか？　理由を書きましょう。**

「正しく言うと、友だちもしつこく聞かなくなるから」

「きつ音をからかわれたときに助けてくれるかもしれない」　など

③ **もし、あなたがきつ音のことを説明するなら、何と言いますか。書いてみましょう。**

「話し方の癖みたいなんだ」

「きつ音といって、なんかしらないけど、こうなっちゃうんだよね」　など

《ポイント》

　吃音のことを尋ねる子どもの多くは吃音を知らないだけで、悪意はありません。そのことを確認した上で、適切に説明できるように促しましょう。

　③については多くの場合、自分から思いつくのは難しいです。そのときは、最初は担当者が例を示し、言い方を教えてよいです。回答例には吃音という言葉を使っていますが、吃音という言葉を使わずに説明する形でも構いません。

【こんなときどうする？②】（115〜116ページ）

① **あなただったら、どうしますか。**

「先生に相談する」「そういうこと言わないでと言う」

※その他［「まねした相手に、きつ音のことを説明する」］でも可。

② それはなぜですか？ 理由を書きましょう。

「先生に相談したら、助けてくれるから」

「ちゃんとやめてって言わないとわかってくれないから」

「きつ音は自分の意思ではどうにもならないものだから、きつ音のことを説明して理解してもらった方がよいから」 など

③ もし、あなたがきつ音のことを先生に相談するなら、何と言いますか。書いてみましょう。

「先生、○○さんがことばをまねしてくるのが嫌なんですけど」

「○○さんにそういうのやめてって言っても聞いてくれません」 など

《ポイント》

①は複数回答でも構いません。また、複数回答をした上で、まず、「そんなこと言わないで」と言い、それでだめなら、先生に相談すると優先順位を付ける場合もありますが、そういった回答もよいことにしましょう。③は特に重要です。先生に相談すると回答しても、言い方がわからないという児童は少なくありません。児童が言い方を思いつかない場合は担当者が例を示しましょう。

【こんなときどうする？③】 (117〜118ページ)

① あなただったら、どうしますか。

「先生に相談する」 ※その他［やわらかい声を使う］も可。

② それはなぜですか？ 理由を書きましょう。

「一人で悩んでも解決しないから」「先生なら良い方法を思いつくかもしれないから」

「やわらかい声を使えば、時間内に言えるかもしれないから」

「やわらかい声を使うなら、先生に相談して許可をもらった方がいいから」

③ もし、あなたがきつ音のことを先生に相談するなら、何と言いますか。書いてみましょう。

「言葉が詰まって計算テスト困っているんですけど、どうすればいいですか」

「きつ音で言葉が詰まるので、制限時間をなしにしてもらえませんか」
「やわらかい声を使ってもいいですか」　など

《ポイント》
　九九などの暗唱テストに悩む子どもは少なくありません。一人で抱え込むではなく、他の人に相談できるように指導することが大切です。ただし、相談しても担任の先生が対応策を思いつかない場合もあります。ですので、中・高学年であれば「制限時間をなくしてもらえないか」「やわらかい声を使ってもよいか」など、具体的に提案できるとよいです。また、このプリントには先生以外の選択肢がありませんが、もちろん家族への相談という手もあります。大切なのは一人で抱え込まないということです。

【こんなときどうする？④】 (119〜120ページ)

① 　あなただったら、どうしますか。
　「お家の人と一緒に声を出して読む」　※その他［やわらかい声を使う］も可。

② 　それはなぜですか？　理由を書きましょう。
　「一緒に声を出せば、きつ音はほとんど出ないから」
　「やわらかい声はゆっくりだけどきつ音が出ないから、早く宿題が終わる」　など

③ 　①以外の方法があったら、書きましょう。
　「家の人と一緒に声を出して読む」「やわらかい声を使う」（①で選んでない場合）
　「先生にお願いして、心の中で読む（黙読）でもよいことにしてもらう」

《ポイント》
　きつ音マスタープリントで斉読だと吃音が生じないことを確認してから、このプリントを実施しましょう。

【こんなときどうする？⑤】 (121 ～ 122 ページ)

①　あなただったら、どうしますか。

「上田先生にきつ音のことを伝える」「家族に相談する」

②　それはなぜですか？　理由を書きましょう。

「先生にきつ音のことを伝えれば、落ち着いてと言われなくて済むから」

「お母さんに相談すれば良い方法が出てくるかも」

「お母さんから先生にきつ音のことを伝えてくれるかもしれないから」

③　もし、あなたが上田先生にきつ音のことを伝えるなら、いつ、どこで、何と言いますか。書いてみましょう。

いつ→「放課後」、どこで→「教室」、「他の人がいないところ」　など

何と言う？→「僕にはきつ音があって、ことばが詰まるときがあります。緊張している訳ではないので、落ち着いてとか言わなくて大丈夫です」

《ポイント》

　ことばの教室に通級している間は担当が学級担任に対して、吃音の説明をするので、こういった場面が生じることはほとんどありません。しかし、ことばの教室を卒業した後を見据えて、学級担任に対して吃音のことを説明できるように指導することはとても大切です。

【こんなときどうする？⑥】 (123 ～ 124 ページ)

①　あなたはクラス全体にきつ音について話したことはありますか？

どの項目を選んでも構いません。

②　クラスの人に伝えると、どんな良いことがありますか？　書いてみましょう。

「クラスの人にきつ音のことを正しく伝えると、かまずに話してと言われなくて済む」

「何回もいろんな人からきつ音のことをきかれずに済む」

「きつ音のことをからかわれたり、いじられたりしなくなる」

「どんなにどもっても周りから変な目で見られなくて済む」

「自分の気持ちが楽になる」

③　クラスの人に伝えると、どんな悪いことがありますか？　書いてみましょう。

「特にない」

「勇気を出して言っても"それで？"と言われて終わってしまう」

④　きつ音のことをクラスの人に伝えるとしたら、何を言いますか。二つ書きましょう。

「自分にはきつ音といって、ことばをつまらせたりくりかえしたりする症状がある」

「自分も困っているので、話し方をからかったりいじったりしないでほしい」

「自分できつ音をコントロールするのは難しいので、かまずに話してと言わないでほしい」

「緊張している訳ではないので、緊張しないでとは言わないでほしい」

「あまり気にしないでほしい」

《ポイント》

　吃音のある児童の多くは吃音のカミングアウトに対して消極的であることが多いです。その理由としてカミングアウトのメリットがわからないということがあります。このプリントを通じて、カミングアウトのメリット、デメリットを担当者と共有しましょう。その上で、デメリットよりもメリットの方が大きいことを児童と確認しましょう。

㉑ 単語練習用リスト

（1）単語練習用リストについて

　流暢性形成法を行う際には発話産出が容易な語から徐々に困難な語へと難度を上げていきます。本リストは従来の研究成果をふまえて、単語を発話困難度順に並べたリストです。レベル1が容易であり、レベル2がより困難な語になっています。なお、本リストは小学生を対象とした研究成果を基に作成していますので、それ以外の年齢層ではレベルの設定が適切でない可能性がありますので、ご留意ください。

（2）レベルの設定について

　小学生の吃音は語の音韻的要因の影響を受けやすいことが報告されています。たとえば、Shimamori & Ito（2007）は軽音節で始まる4モーラ語（例：かぴなん）は重音節で始まる4モーラ語（例：かんぴな）よりも吃音頻度が有意に高いことを報告しています（以下、音節量の要因）。また、髙橋（2020）はより長い語において吃音が生じやすいことを示唆しており、その影響はShimamori & Ito（2007）が明らかにした音節構造の影響とは独立して生じることを示唆しました。これらの知見をふまえて、本リストでは、以下のようにレベルを設定しました。

　まず、音節量の要因と語の長さの要因の二つについて、基準値を設定しました。音節量の要因の基準値は「重音節で始まること」とし、語の長さの要因の基準値は「3モーラ以内であること」としました。その上で、二つの基準値のうち一つないしは二つを満たしているものをレベル1、一つも満たしていないものをレベル2としました。

（3）備考

　本リストは平成30年度科学研究費奨励研究「吃音児への流暢性形成法に用いる語・文リストの開発：心理言語学的な知見をふまえて」（代表研究者：髙橋三郎）の助成を受けて作成したものを一部改変したものです。

あ・い・う・え・お

	レベル 1	レベル 2
あ	あい　あん　あさ　あんこ　アート　アップ　あいず　あいて　あくび　あくま	あきかん　あさがお　あさねぼう　アレルギー　アルミホイル　アクセサリー　アナウンサー　アジフライ　アニメーション　ありがとうございます
い	いえ　いか　いき　いし　いみ　いしゃ　インコ　いたい　イルカ　いなか	イギリス　イタリア　いちばん　いぐすり　いもうと　いらない　いろいろ　いそがしい　いってきます　いただきます
う	うし　うす　うま　うた　うえ　うがい　うきわ　うさぎ　うすぎ　うどん	うれしい　うぐいす　うらわざ　うりあげ　うりきれ　うらないし　うつくしい　うでどけい　ウルトラマン　うらしまたろう
え	エイ　えん　エース　えいが　えいご　えんか　えんぎ　えのぐ　えらい　えもの	えはがき　エビチリ　エプロン　えりんぎ　エネルギー　エビフライ　エメラルド　エレキギター　エレベーター　エスカレーター
お	おり　おうぼ　オウム　おとこ　おとな　おわり　おんど　おんな　おんぷ　おなか	オランダ　おりがみ　オレンジ　おぞうに　オリジナル　オリンピック　おてつだい　おやすみなさい　おじいちゃん　おばあちゃん

か・き・く・け・こ

	レベル1	レベル2
か	かん　かい　かつ　かわ カード　カエル　かいしゃ かのじょ　カラス　からだ	かさぶた　かがやく　カマキリ　かぶとむし かすれごえ　かきごおり　かまいたち かじょうがき　かめんライダー　かぶしきがいしゃ
き	きん　きく　きんか　きいろ きくず　キープ　きんこ キウイ　きがえ　きせつ	きたかぜ　きたない　きばせん　きみどり きぐるみ　きばらし　キリギリス　きそちしき きずぐすり　きもちわるい
く	くさ　くに　くり　くし くさい　くらい　くうき クラブ　くるま　くらし	くうこう　くずれる　くちばし　くちびる　くわがた くもりぞら　くつがえす　くみあわせ　くたびれる くいしんぼう
け	けん　ける　けいじ　けいと けいば　ケーキ　けんか けっか　ケース　けんさ	けわしい　けばだつ　けつろん　ケチャップ けやきざか　けずりぶし　けりあげる　けだまとり けつえきがた　けつえきけんさ
こ	こし　こうか　こうじ こうちゃ　コース　コーチ コーラ　コーン　コップ ことば	こむぎこ　こわれる　こぶまき　こまつな こすれる　ことばさがし　コシヒカリ　こたえあわせ コミュニケーション　こじんじょうほう

さ・し・す・せ・そ

	レベル1	レベル2
さ	サイ　さる　さいご さいしょ　さいふ　さくら さんぽ　さんま さとう　さかな	さかなや　さかみち　さといも　さびしい サボテン　さまがわり　さつまいも　さようなら さやえんどう　サラリーマン
し	しん　しか　しま　した しいく　シンク　シール しかく　しあい　しけん	しあわせ　ししまい　しばいぬ　しびれる しりとり　しさくひん　しがいせん　しごとちゅう しこうさくご　シフォンケーキ
す	すき　すむ　スイカ　すうじ スープ　スーツ　スキー すきま　すごい　すこし	すずしい　スタート　スピーチ　スマイル すりきず　スパゲッティ　すべりだい ストロベリー　スポーツせんしゅ　スケートボード
せ	せん　せき　せいざ せいと　セーフ　セーブ せんきょ　せまい　セリフ せかい	せわにん　せかいじゅう　セラピスト　セメント せおいなげ　せばんごう　せつめいしょ せまっている　セブンイレブン　セロハンテープ
そ	そん　そこ　そうじ　そうさ そうこ　そうりょ　ソーダ ソード　ソース　そくど	そだてる　そつぎょう　そらまめ　そろばん ソプラノ　そだいごみ　そあくひん　ソフトウェア そだてかた　そつぎょうしき

た・ち・つ・て・と

	レベル1	レベル2
た	たい　たね　たれ　たこ たいこ　たいど　タイル タイム　タイヤ　たまご	たたかい　たこやき　たてもの　たなばた たびびと　たべもの　タラバガニ　たべほうだい たからもの　たきこみごはん
ち	ちか　チーズ　チーム チーフ　ちいき　ちがう ちくわ　ちかい　ちかく チラシ	ちかてつ　チケット　ちちおや　ちちのひ ちこくする　ちとせあめ　ちちしぼり　チキンライス チアリーダー　チキンナゲット
つ	つま　つめ　つうち　つうろ つくえ　つくる　つける つよい　つよさ　つめる	つきあう　つかれる　つきそう　つきゆび つぶあん　つりざお　つちふまず　つきみそば つなわたり　ついらくする
て	てん　てき　てんき　てんし テント　テープ　テーマ てんじ　てんぐ　テレビ	てざわり　てだすけ　てつだう　てつどう　テトリス てのひら　てぶくろ　てつやする　てあらいうがい てりやきバーガー
と	とく　とり　トキ　とうふ とおい　とくい　とこや トンボ　トング　とおる	としした　とつげき　とつぜん　とびこむ　トラブル とどうふけん　となりどうし　トレーニング トマトジュース　とらもよう

な・に・ぬ・ね・の

	レベル1	レベル2
な	ナン　なし　ない　なか なす　なんで　ないしょ ナイフ　なかま　ななし	なめくじ　なきむし　なわとび　なくなる ナタデココ　なつみかん　なみしぶき　なつやすみ なまクリーム　なまチョコレート
に	にし　にく　にっき にんき　ニット　にかい にごり　にげる にまい　にもつ	にあわない　にくだんご　にねんせい　にねんまえ にほんじん　にいにいぜみ　ニヤニヤと にらめっこ　にはくみっか　ににんさんきゃく
ぬ	ぬう　ぬか　ぬく　ぬま ぬげる　ぬすむ　ぬらす ぬりえ　ぬるい　ぬれる	ぬれがみ　ぬるまゆ　ぬけみち　ぬりたて ぬらさない　ぬりぐすり　ぬのテープ　ぬりつぶす ぬれタオル　ぬれせんべい
ね	ねっこ　ネット　ねんざ ねんど　ネイル　ねうち ねぼう　ねむい　ねばる ねらい	ねぶくろ　ねぶそく　ねぼける　ねむたい ねぐるしい　ねしずまる　ねちがえる　ねつききゅう ねつっぽい　ねむらせる
の	ノー　のうか　ノート のこる　のんき　ノック のった　のんだ のっぽ　のこり	のびちぢみ　のぼりざか　のぼりりゅう のりかえる　のみすぎる　のみほうだい ノロウイルス　のぞましい　のりごこち ノコギリザメ

は・ひ・ふ・へ・ほ

	レベル1	レベル2
は	はい　はし　はな　はる　はり　はいしゃ　はいる　はなす　はなぢ　はなび	はだいろ　はばたく　ははのひ　はずかしい　はブラシセット　はぐらかす　はこいりむすめ　ハワイりょこう　はるやすみ　はたらきアリ
ひ	ひん　ひく　ひと　ヒール　ヒント　ひとり　ひつじ　ひとつ　ひとで　ひみつ	ひげそり　ひこうき　ひらがな　ひさしぶり　ひやけどめ　ひるごはん　ひるやすみ　ひきつづき　ひなたぼっこ　ひやしちゅうか
ふ	ふん　ふく　ふた　ふうふ　ふうみ　ふたご　ふたえ　ふたつ　フード　ふとん	ふるさと　ふろしき　フライパン　ふるほんや　ふさわしい　フローリング　フジテレビ　ふぞくひん　ふだんどおり　ふどうさんや
へ	へん　へい　へいわ　へんじ　へいき　へんか　へんじ　へいか　へった　へこみ	へとへと　へりくつ　へなちょこ　ヘルメット　へそまがり　ヘアスタイル　へやばんごう　ヘリコプター　へびいちご　へこんでいる
ほ	ほん　ほんや　ほうき　ホース　ほんき　ホーム　ホット　ホール　ほっけ　ほしい	ほとんど　ほりごたつ　ほけんしょう　ほけんしつ　ほこうしゃ　ほすうけい　ほこうしゃ　ほしうらない　ほにゅうるい　ほくりくしんかんせん

ま・み・む・め・も

	レベル1	レベル2
ま	まえ　また　マーク　まっか マイク　まるい　マスク まんが　マント　マット	まきわり　まないた　まにあう　マラソン まじゅつし　マヨネーズ　マドレーヌ　マクドナルド マグネット　まつぼっくり
み	みる　みえる　みなと みなみ　ミルク　みんな ミント　みっつ　みっか ミット	みずうみ　みつける　みみかき　みなさん みなおし　みだしなみ　みずたまり　ミリメートル ミリリットル　みずでっぽう
む	むく　むり　むくち　むける むげん　むこう　むしば むちゅう　むりょう むぎちゃ	むしあつい　むしさされ　むしめがね むじゅうりょく　むじんとう　むずかしい むだばなし　むとくてん　むかしばなし むぎわらぼうし
め	めん　めい　めす　メイド めいぼ　めいろ　メイン メール　メンマ　めんきょ	めちゃくちゃ　めのまえ　めらめら　メロディー めしあがる　めずらしい　めだまやき めざましどけい　メドレーリレー　めぐりあう
も	もん　もう　もち　もつ　もの もうふ　もっと　もんく モデル　もらう	もしもし　もやもや　モロヘイヤ　もちもの もよりえき　もぐらたたき　もやしいため もちあげる　ももたろう　もめんどうふ

や・ゆ・よ

	レベル 1	レベル 2
や	やね　やぎ　やける やかん　やすい　やすむ やっと　やっつ　やさい やめる	やきそば　やきにく　やさしい　やじるし やぶれる　やせがまん　やわらかい　やりなおし やさいいため　やがいかつどう
ゆ	ゆき　ゆみ　ゆか　ゆり ゆうき　ゆうぐ　ゆうひ ゆうべ　ゆうし　ゆかた	ゆるやか　ゆきあそび　ゆでたまご　ユニフォーム ゆびずもう　ゆきがっせん　ゆかりごはん ゆびにんぎょう　ゆめうらない　ゆだんたいてき
よ	よん　よい　よう　よる よっつ　ようい　ようじ ようす　ヨット　ようぐ	よごれる　よざくら　よまわり　よわむし よじじゅくご　よそもの　よていひょう　よだれかけ よぼうちゅうしゃ　よろしくおねがいします

ら・り・る・れ・ろ・わ

	レベル 1	レベル 2
ら	らん　ラーゆ　ライス ライト　ランク　ランチ ライト　ライブ　ライン ラジオ	ラグビー　ラケット　ラブレター　ラジコン ラブストーリー　ラディッシュ　らしんばん ラズベリージャム　ラビリンス　ラジオたいそう
り	りか　りんご　リンス　りきし リール　リング　りんじ りっぱ　リアル　リズム	リタイア　りかしつ　リクエスト　リサイクル リコーダー　リハーサル　リラックス リサイクルショップ　リトルマーメイド リニアモーターカー
る	るす　ルウ　ルール　ルビー ループ　ルーペ　ルーム ルーズ　ルート　ルパン	るすたく　るすばん　るすろく　るりいろ ルクセンブルク　るりかけす　るすばんでんわ ルノワール　ルネサンス　ルパンさんせい
れ	れい　れいわ　レース レンジ　レール　レバー れきし　レモン　レシピ れんが	レシート　レトルト　レジスター　レギュラー レジぶくろ　レストラン　レベルアップ レスリング　レスキューたい　レアチーズケーキ
ろ	ろう　ろく　ろうか　ロープ ロード　ロック　ろうば ろうひ　ろうや　ロシア	ログイン　ろせんず　ロボット　ロブスター　ろせんバス ろてんぶろ　ログハウス　ロマンチック ろじょうちゅうしゃ　ろめんでんしゃ
わ	わけ　わる　わっか　ワープ ワイン　わかい　わかす わかる　わたす　わたる	わかれる　わがまま　わりびき　わくわく わらいばなし　わらいごえ　わらびもち ワゴンセール　わずらわしい　わふうドレッシング

22 きつ音のおはなし（吃音理解授業スライド）

1

きつ音のおはなし

2

きつ音って、なあに？
・ことばが出ない
・ことばをくりかえしたり、のばしたりして
　しまう。

3

○○○くんの「きつ音」は

わざとではない。

気をつけても、

ついなってしまうもの。

4

きつ音で、こまりやすいこと
① 音読やはっぴょう

解 説

1 このスライドは小学2〜3年生程度を対象にしたものです。あくまでも一例です
ので、児童の実態に応じて変更する必要があります。また、今回のスライドでは学
芸会の話もありますが、これも時期などをふまえて加筆修正を行ってください。
中・高学年の児童でしたら、児童自身に発表してもらってもよいです。その場合は
内容作りから児童と一緒に行いましょう。「○○くんには吃音があります。吃音っ
て知っている？　知らないよね。今日はみんなに吃音のことを知ってもらいたく
て、お話に来ました」といった感じで話を始めます。

3 「だから、気をつけてお話しして！と言われると困ってしまいます」といったこと
も伝えます。

4 ここは児童と話し合いながら作成します。

5

きつ音で、こまりやすいこと
② 学げい会の、げき

6

先生からのおねがい

7

【一つ目のおねがい】

きつ音が出ていても

さいごまで話をきこう。

8

【二つ目のおねがい】

きつ音のまねやからかいは

ぜったいに、しない。

解 説

6　児童の実態を踏まえながら作成します。児童と一緒に話し合って決めてもよいです。

8　もし、すでにからかいが起きている場合でも、からかった児童の問題を追求するような授業展開にしてはいけません。からかった子自身が自発的に気付けるようにしていくことが大切です。

9

【三つ目のおねがい】

「おちついて」「リラックスして」
は言わないでよいです。

10

きつ音クイズ

○か×でこたえよう。

11

もんだい1

12

音読のときに

ことばが出ないときは

まってあげる。○か×か。

13

せいかいは

◯

○○○くんが
ことばが出ないときは、まってあげよう。

14

もんだい2

15

きつ音でことばが出ないとき
は「気をつけて話して!」と
声をかける。○か×か。

16

せいかいは

きつ音は、ついなってしまうものです。
気をつけても、きつ音になってしまうので、
言われたら、とてもこまってしまいます。

17

もんだい３

18

きつ音を、からかってもよい。
○か×か。

19

せいかいは

まねやからかいは
ぜったいにしない

20

きつ音のお話は、これでおしまい。
さいごまで、お話をきいてくれて
ありがとうございました。

解　説

17 筆者は、最後に必ずこのクイズを入れます。「次は最後の問題です！　すごく難しいよ‼」とあえての前振りをすると、盛り上がります。

18 前振りからのこの問題で「簡単‼」「絶対に間違えないし！」「からかいとか絶対だめだよ」というクラスメートからの声が自然と出てくるような授業展開を目指しましょう。

20 「吃音のある人は100人に1人います。もしかしたら、○○○くん以外にも吃音の人はいるかもしれません。もし、吃音のある人にあったら、今日教えたことを思い出してください」といった話も筆者は時々します。

おわりに

　最後まで読んでいただきありがとうございます。

　本書で私の14冊目の吃音書籍の出版となります。11年前に私がことばの教室の先生方の前で講演会を行ったとき、私のアプローチについて、たくさんの質問や感想をいただきました。

　「児童に吃音を気付かせずに、どう吃音を指導したらいいでしょうか？」

　「吃音という言葉を、1年生の通級している児童に教えていいんでしょうか？」

　「話し方に触れると、もっと吃音が悪化すると思っていました」

　今は、吃音をオープンにして、小学校入学前の子どもにも吃音を教えている家庭が増えました。先生と児童が吃音をオープンに話し、児童の希望に応じて話し方のアプローチをする先生が増えています。

　時代は変化しています。障害の医学モデルから、社会モデルへ変化し、多様性を認める時代となりました。2030年までの持続可能な国際目標SDGsを今の小中高校生は学んでいます。吃音は発話の多様性の一つであり、誰一人取り残さないSDGsの観点が小中高校生、社会でもたれ始めていることに気付くべきです。そして、吃音のある小学生が皆、自分の能力を発揮できる環境に変化できることを願うところです。

　本書の企画に快く協力していただいた髙橋三郎先生、仲野里香先生には感謝申し上げます。具体的なアプローチを惜しげもなく紹介していただき、大変具体的な本になったと思います。また、学苑社の杉本哲也社長、本書の出版にご尽力ありがとうございました。

　最後に、仕事に没頭している私を支えてくれる妻に感謝の念を伝えるとともに、これまで学校や習い事で4人も吃音のある友達を見つけ仲良くなっていく中学2年生の息子に驚くとともに、さらなる成長を期待したいところです。

菊池良和

文献

【第 1 章】

見上昌睦・森永和代（2006）吃音者の学校教育期における吃音の変動と通常の学級の教師に対する配慮・支援の要望．聴覚言語障害，34(6), 61-81.

Kikuchi Y, et al.（2019）Experiences of teasing and bullying in children who stutter. International Archives of Communication Disorder, 2, 013. doi: 10.23937/2643-4148.

国立特別支援教育総合研究所（2015）D-333「ことばの教室」ことはじめ p45, 53. http://www.nise.go.jp/cms/7,10478,32,142.html（2022/4/9 確認済）

【第 2 章】

Bloodstein, O.（1975）Stuttering as tension and fragmentation. Haper & Row.

Guitar, B.（2019）Stuttering: An integrated approach to its nature and treatment（fifth edition）. Lippincott Williams & Wilkins.

角田航平・坂田善政・北條具仁・石川浩太郎（2018）流暢性形成法の導入により改善した幼児吃音の 1 例．言語聴覚研究，15, 99-106.

窪薗晴夫（1998）モーラと音節の普遍性（〈特集〉音節とモーラの理論）．音声研究，2, 5-15.

見上昌睦（2007）吃音の進展した幼児に対する直接的言語指導に焦点を当てた治療．音声言語医学，48, 1-8.

菊池良和（2015）小児吃音臨床のエッセンス：初回面接のテクニック．学苑社.

坂田善政（2012）成人吃音例に対する直接法．音声言語医学，53, 281-287.

【第 3 章】

Conture, E. G.（2001）Stuttering: Its nature, diagnosis and treatment. Allyn & Bacon, Boston.

ギター，G．長澤泰子監訳（2007）吃音の基礎と臨床：統合的アプローチ．学苑社.

菊池良和（2012）エビデンスに基づいた吃音支援入門．学苑社

こころかるた　子ども向け．クリエーションアカデミー.

ことばのテーブル 100 枚プリント　第 9 集　連語練習ワーク．葛西ことばのテーブル.

ことばのテーブル 100 枚プリント　第 16 集　がでにを練習ワーク．葛西ことばのテーブル.

仲野里香・菊池良和（2016）吃音のある中学生が「不登校準備段階」から回復できた 1 例―直接的な発話訓練と認知行動療法的アプローチの経過―音声言語医学，57, 1.

岡崎恵子・船山美奈子編著（2006）構音訓練のためのドリルブック改定第 2 版．協同医書出版社.

せなけいこ絵　黒田薫構成（2004）せなけいこ　おばけすごろく．童心社.

tupera tupera 作・絵（2019）しつもんブック 100．青山出版.

氏平明（2008）言語学的分析からの吃音治療の展望．コミュニケーション障害，25, 2.

【巻末資料】

Shimamori, S., & Ito, T.（2007）Syllable Weight and Phonological Encoding in Japanese Children Who Stutter. The Japanese Journal of Special Education, 44, 451-462.

島守幸代・伊藤友彦（2010）日本語の頭子音から核母音への移行は吃音頻度に 影響を与えるか？．特殊教育学研究，48, 23-29.

髙橋三郎（2020）小学生の吃音に文レベルの要因と語レベルの要因が及ぼす影響：自由会話の分析．コミュニケーション障害学，37, 161-168.

髙橋三郎（2021）なぜ日本語の吃音は母音で生じやすいと感じられるのか―語頭 モーラ頻度に着目して―．音声言語医学，62, 233-238.

【著者紹介】

菊池　良和 （きくち　よしかず）〔編集・はじめに・第1章・おわりに〕

九州大学病院　耳鼻咽喉・頭頸部外科　助教　医師　医学博士
Mail：kiku618@gmail.com
Facebook：https://www.facebook.com/yoshikazu.kikuchi.92

　中学1年生の時に、「吃音の悩みから救われるためには、医者になるしかない」と思い、猛勉強の末、鹿児島ラ・サール高校卒業後、1999年九州大学医学部に入学。医師となり、研修医を2年間終えた後、2007年に九州大学耳鼻咽喉科に入局。2008年より九州大学大学院に進学し臨床神経生理学教室で、「脳磁図」を用いた吃音者の脳研究を行い、今まで4度国内外での受賞をしている。吃音のある人の診察経験は500名以上。吃音の著書は本書で14冊目。全国各地で吃音の講演会を行い、吃音の啓発に努めている。医師の立場で吃音の臨床、教育、研究を精力的に行っている吃音の第一人者である。

　主な著書：『吃音の世界』（光文社新書）、『吃音の合理的配慮』『子どもの吃音　ママ応援BOOK』『保護者の声に寄り添い、学ぶ　吃音のある子どもと家族の支援―暮らしから社会へつなげるために』『エビデンスに基づいた吃音支援入門』（以上、学苑社）、『きつおんガール』（合同出版）など多数。

髙橋　三郎 （たかはし　さぶろう）〔第2章・資料〕

府中市立住吉小学校きこえとことばの教室　主任教諭
Site：https://researchmap.jp/sablow

　東京学芸大学連合学校教育学研究科修了。博士（教育学）、公認心理師、臨床発達心理士。東京都のきこえとことばの教室の教員として吃音を含む言語障害のある児童の臨床に携わりつつ、吃音の生起メカニズムの研究を行っている。令和3年度文部科学大臣優秀教職員表彰、令和2年度東京都教育委員会職員表彰、令和2年度福生市教育委員会表彰。

仲野　里香 （なかの　りか）〔第3章〕

ことばの相談 nakano 代表　言語聴覚士
熊本保健科学大学非常勤講師、麻生リハビリテーション大学校非常勤講師
Site：https://www.stnakano.com

　福岡市にて、吃音・構音障害・話すことに自信がない・やりとりがかみ合わないなど、幼児から大人までのことばに対するあらゆる悩みに対応する教室「ことばの相談 nakano」を運営している。また、オンラインでは全国の吃音のある人の相談・訓練に携わる。著書（分担執筆）に『小児吃音臨床のエッセンス―初回面接のテクニック』（学苑社）、『言語聴覚療法臨床マニュアル　改訂第3版』（協同医書出版社）がある。

装丁　三好誠（ジャンボスペシャル）

もう迷わない！
ことばの教室の吃音指導
──今すぐ使えるワークシート付き

©2022

2022年8月15日	初版第1刷発行
2024年2月20日	初版第3刷発行

編著者	菊池良和
著　者	髙橋三郎・仲野里香
発行者	杉本哲也
発行所	株式会社　学苑社
	東京都千代田区富士見2−10−2
電話	03（3263）3817
FAX	03（3263）2410
振替	00100−7−177379
印刷・製本	藤原印刷株式会社

ISBN978-4-7614-0836-7　C3037

吃音

ことばの教室でできる
吃音のグループ学習
実践ガイド

石田修・飯村大智【著】

B5 判●定価 2090 円

小澤恵美先生（『吃音検査法』著者）推薦！ 吃音指導における「グループ学習」は、個別指導での学びを深め進化させる力がある。

吃音

保護者の声に寄り添い、学ぶ
吃音のある子どもと家族の
支援 暮らしから社会へつなげるために

堅田利明・菊池良和【編著】

四六判●定価 1870 円

尾木ママこと尾木直樹氏推薦！ NHK Eテレ「ウワサの保護者会─気づいて！きつ音の悩み」著者出演から生まれた本。13 の Q&A、12 のコラムで構成。

吃音

吃音の合理的配慮

菊池良和【著】

A5 判●定価 1980 円

「法律に基づいた支援」を念頭におき、効果的な吃音支援を実現するために、合理的配慮の具体例や法律そして資料を紹介。

吃音

子どもの吃音
ママ応援 BOOK

菊池良和【著】
はやしみこ【イラスト】

四六判●定価 1430 円

吃音のある子どもへの具体的な支援方法をマンガで解説。吃音の誤解と正しい情報を知れば子どもの接し方がわかってくる。

吃音

エビデンスに基づいた
吃音支援入門

菊池良和【著】

A5 判●定価 2090 円

医学者としての冷徹な目と吃音体験者としての熱い思いが絡み合った「吃音ドクター」による吃音支援の入門書。科学的根拠に基づいた解説満載。

吃音

自分で試す
吃音の発声・発音練習帳

安田菜穂・吉澤健太郎【著】

A5 判●定価 1760 円

「練習課題」「応用課題」「吃音Q&A」によって、余分な力を抜いた話し方を日常の困る場面で使えるようにするための書。

税 10%込みの価格です

 学苑社　Tel 03-3263-3817　〒 102-0071 東京都千代田区富士見 2-10-2
Fax 03-3263-2410　E-mail: info@gakuensha.co.jp　https://www.gakuensha.co.jp/